无意识偏见

[美] **霍华德·J. 罗斯** 著
(Howard J. Ross)
王晋 译

中信出版集团 | 北京

图书在版编目（CIP）数据

无意识偏见 / (美) 霍华德 •J. 罗斯著 ; 王晋译
. -- 北京 : 中信出版社 , 2022.5
书名原文 : Everyday Bias: Identifying and Navigating Unconscious Judgments in Our Daily Lives
ISBN 978-7-5217-4056-1

Ⅰ . ①无… Ⅱ . ①霍… ②王… Ⅲ . ①成见－研究
Ⅳ . ① C912.62

中国版本图书馆 CIP 数据核字 (2022) 第 039596 号

Everyday Bias by Howard J. Ross
Published by agreement with the Rowman & Littlefield Publishing Group through the Chinese Connection Agency, a division of The Yao Enterprises, LLC.

无意识偏见——如何应对日常生活中的非理性
著者：　霍华德 · J. 罗斯
译者：　王晋
出版发行：中信出版集团股份有限公司
（北京市朝阳区惠新东街甲 4 号富盛大厦 2 座　邮编　100029）
承印者：　天津丰富彩艺印刷有限公司

开本：880mm×1230mm　1/32　印张：8.75　字数：180 千字
版次：2022 年 5 月第 1 版　印次：2022 年 5 月第 1 次印刷
京权图字：01–2019–7963　书号：ISBN 978–7–5217–4056–1
定价：59.00 元

目录

前言

被偏见蒙蔽了双眼

我们听信自己的无知，误以为我们单靠自己的团队，单靠自己的种族，甚至单靠一种性别的人就可以存活。

玛雅·安吉罗

你的自我，有 99% 是其他人都看不见、摸不着的。

R. 巴克敏斯特·富勒

你知道吗？超市如果播放法语歌，顾客就会购买更多的法国葡萄酒；如果播放德语歌，顾客就会购买更多的德国葡萄酒。NBA（美国职业篮球联赛）的白人裁判会给黑人球员吹更多的犯规哨，而黑人裁判会给白人球员吹更多的犯规哨。如果面试实验室技术人员岗位的是女性，那么男性科学家会给出较低的评分，并打算支付较低的薪酬。如果患者超重，那么医生对待他的方式会与其他病人有所不同，同样如果医生超重，那么患者也会将其与其他医生区别对待。

最重要的是，你知道以上这些行为及其他很多行为都是在无意识的情况下发生的，而且都是偏见的表现吗？人们并不知道他们有这些偏见，也不知道为什么会出现这些偏见。

在过去的 20 多年时间里，心理学家、认知精神病学家、神经科学家和社会科学家观察了无数事件，并进行了数百次测试，结果全都指向人类的一种倾向，这种倾向或引发好奇，或导致悲剧。

人人都有偏见，这种偏见仿佛成了惯例，始终如一、根深蒂固。

我们的偏见深入骨髓，但我们从来都不觉得自己有偏见。正是因为我们不知道偏见的存在，所以才导致了上文描述的行为以及我们下文将要讨论的行为，有的行为甚至导致了无辜之人死亡。

在过去的 50 年里，世界各地的人们史无前例地举起了人类平等的大旗。在美国，我们看到了民权运动和妇女运动的兴起。此外，人们对女同性恋、男同性恋、双性恋、跨性别者和“酷儿”（LGBTQ）的接受程度在不断提高，这些群体的平等权利也在扩大。在过去的 50 年里，公共领域的话语发生了巨大变化。现在，公开发表带有偏见的言论在许多社交圈子和业界是完全不可接受的。在南非，种族隔离制度（旨在征服南非黑人以允许少数白人掌控权力的可怕制度）已经消失 20 多年了。欧洲各国已经将性别平等提升到了正式的公共政策层面。移民浪潮从根本上改变了这些原本种族单一的国家的人口构成，很多政府都在研究多元文化主义。

我们制定了限制偏见行为的法律，要求人们为自己的歧视行为负责。我们聘请首席多元化官，为学校、大公司、小企业、政府机构、非营利机构和军方的数百万人撰写多元化和包容性指南并制订培训计划，以使我们对彼此更加“宽容”。我们设立了特殊假期，以表彰并致敬以前未被承认的个人和运动，感谢这些人和这些运动所做的贡献。在世界各地，旨在解决公平问题的大型峰会和普通会议几乎每天都在举行。我们撰写了数千本书（包括我的著作在内），拍摄了大量电影，开展了各种社会运动和抗议游行，并制作了《奥普拉脱口秀》，所有这一切都试图先了解问题，然后再尝试解决问题。

但是，正如我们在过去几年中所看到的，这些变化非常脆弱。在过去几年中，白人至上主义运动再次升温，特朗普总统称他们为“很好的人”更是起到了推波助澜的作用。我们的这位总统还让 4 名少数族裔国会女议员“从哪儿来的回哪儿去”。这 4 人中有 3 人出生在美国，剩下一位也已经获得美国国籍。此外，我们还看到棕色皮肤的移民遭到袭击，他们与家人分离，在监狱里等待庇护申请的结果。

这些并不都是无意识偏见的例子。人们自诩自己和国家是公平公正的，却仍然支持这样的行为，这便是我们的大脑捉弄我们的一个例子。

我们现在认同更具包容性的行为标准，这么做是有充分理由的。人们从未如此清楚地意识到，创建一个包容的文明社会是多么有意义。企业也意识到，从日益多元化的劳动力大军中聘用最佳雇员，以及创造最具吸引力的工作环境是多么重要。在这种工作环境中，员工可以发挥最高水平，服务日益多元化和全球化的客户群。医疗服务提供商意识到，消除偏见并了解患者的文化背景不仅可以促进公平，还可以更大程度地增进患者的健康。教育机构也很清楚，多元化的学生群体可以为学习者创造更好的学习体验。如果教师表现出更多的包容性以及更少的偏见，教学质量也会更高。

尽管我们做出了很多努力，尽管我们抱有善意，但无数的例子表明，偏见仍然主导着我们的日常思维。为什么我们如此努力，各种不公引起的差异还是继续存在于生活的每个角落？美国白人和有色人种在医疗水平和牙齿保健水平方面的差距——特别是非裔美国人、拉美裔美国人和美洲原住民，在过去 50 年中都没有显著变化。非裔美国人的监禁率仍远远高于白人。在欧洲，作为移民的有色人种的监禁率明显高于本地人。与从事同样工作的男性相比，女性的工资变化极为缓慢，按照目前的速度，要等到下个世纪，北美和世界其他地方才会在薪资领域实现性别平等。此外，同性恋青少年的自杀率仍是异性恋青少年的 4 倍。

这样的例子我可以继续举下去，因为数据是无穷无尽的，但我们要问的问题显然已经摆在了我们面前。我们抱着良好的初衷，坚持各种各样的正确行为，但为什么还没有消除偏见呢？事实上，许多有关偏见的研究结果都表明，偏见是十分正常的现象。让我们看看以下几项研究，这些例子告诉我们，这种存在于每个人心里的行为倾向是如何出现在我们周围的。

阿德里安·诺思、戴维·哈格里夫斯、詹尼弗·麦肯德里克是英国莱斯特大学心理学系音乐研究小组的成员，他们决定研究购物时音乐是否会影响人们的选择。[1] 他们在一家普通超市的货架上摆放了 8 种不同的葡萄酒，包括 4 种法国酒和 4 种德国酒。葡萄酒交替摆放在货架上的不同位置，以确保摆放位置不会影响实验结果。不同的葡萄酒成本和甜度相当，酒瓶旁边放着原产国的国旗。超市一天播放法国手风琴音乐，另一天则播放德国啤酒屋音乐。

实验的结果十分令人吃惊。当超市播放法国手风琴音乐时，出售的葡萄酒中有 76.9% 产自法国；而当超市播放德国啤酒屋音乐时，出售的葡萄酒中则有 73.3% 产自德国！有趣的是，面对研究人员的询问，参与实验的 44 位购物者中只有 14% 的人在购物后承认他们注意到了音乐。只有一人表示音乐影响了其购物选择。[2] 在其他类似的研究中，研究人员发现，与最热门的 40 首流行音乐相比，播放古典音乐会促使餐厅的就餐者购买更昂贵的葡萄酒，花更多的钱。[3]

NBA 的裁判能做到真正的公平吗？宾夕法尼亚大学沃顿商学院商业和公共政策助理教授贾斯汀·沃尔弗斯和康奈尔大学经济学专业研究生约瑟夫·普赖斯，决定找出这个问题的答案。他们研究了 1991 年至 2003 年共 12 年的 60 多万次犯规情况。在剔除大量非种族因素后，结果如何呢？

事实上，白人裁判给黑人球员吹的犯规哨要多于白人球员。研究人员在黑人裁判中也发现了相应的偏见，黑人裁判给白人球员吹的犯规哨要比黑人球员多，但从统计学上看，黑人裁判的偏见并不像白人裁判表现得那么明显。研究人员表示，这种针对不同种族球员的犯规判罚，会使球队获胜的概率明显受到裁判种族的影响。沃尔弗斯和普赖斯还研究了得分榜的数据。他们考虑了各种各样的因素，包括球员位置、个人统计数据、上场时间和全明星赛的成绩，并回顾了每支队伍在球场上的时间，还考虑了主客场因素。

此外，研究人员指出，从统计学上说，球员在比赛中的表现，包括得分、篮板、助攻和失误，与裁判的种族具有显著的相关性。沃尔弗斯和普赖斯说："如果大部分裁判与球员属于不同的种族，那么球员在各个方面的表现都会变差。"沃尔弗斯表示："这项研究基本上表明，如果你把一位首发球员'喷成白色'，他就可能多赢几场比赛。"

体育经济学家、南犹他大学经济学教授、北美体育经济学家协会前主席戴维·贝里受邀评估这项研究。贝里表示："这不是仅与篮球相关，世界各地都充斥着这样的例子。这就是决策的本质，当评审团与被评审者迥然不同时，这种情况就会出现。如果球队里主要是非裔美国人，那就应该分配更多的非裔裁判。同理，黑人社区也不希望警察大多数是白人。"[4]

乔·汉德尔斯曼是耶鲁大学霍华德·休斯医学研究所的分子、细胞和发育生物学教授，他同时担任白宫科技政策办公室分管科学的副主任。汉德尔斯曼和几位同事很想知道，纵观几代人，是什么导致了男女在科学领域的表现差异，所以他们设计了一个相对简单的实验，希望找出性别影响科研人员聘用情况的证据。在探索这个问题时，汉德尔斯曼的方法较为直接，他邀请三所私立大学和三所公立大学的科学教授评估一位申请实验室经理职位的应届毕业生。他给所有教授发送了同一张候选人介绍信，并有意将候选人描述为“有前途但并不超群”。不过，候选人的名字有的写的是“约翰”，有的写的是“詹尼弗”。除此之外，候选人的其他信息完全相同。

共有 127 位教授做了回答，结果既十分有趣又令人不安。当要求这些教授给候选人打分时（1 到 7 分，7 分为最高分），名为“约翰”的候选人整体能力的平均得分为 4 分，而“詹尼弗”为 3.3 分。当这些教授被问及他们是否会聘用候选人时，教授们聘用“约翰”的意愿更高，而且他们也更愿意做他的导师。

此外，这些教授还要给出候选人的起薪。“约翰”的年薪为 30 328 美元，而“詹尼弗”的年薪为 26 508 美元。

也许最令人惊讶的是，女教授的答案几乎与男教授一样！[5]

我们有时会因为受到某种刻板印象的影响而认为科学家特别理性，但看到这些研究结果，我们可能会陷入怀疑：科学家真的比其他人更理性吗？这项研究的结果似乎并没有给出肯定的回答。

维克森林大学医学院的内科副教授戴维·米勒想要做一项研究，看看医学院的学生对患者的反应是否与他们对体重的偏见程度有关。2008—2010 年，米勒及其同事测试了 310 名大三的学生。这些学生来自美国国内的 25 个州及其他 12 个国家，其中 73% 的学生是白人，56% 的学生是男性。

米勒及其同事使用IAT（内隐关联测试）测试了学生对不同体重患者的反应。内隐关联测试是一个基于计算机的测试系统，由哈佛大学、华盛顿大学和弗吉尼亚大学的研究人员开发，本书后面我会详细谈及。这项研究使用的内隐关联测试要求学生用计算机键盘，在固定的时间内将胖人和瘦人的图像与褒义词或贬义词进行配对。

学生的种族、年龄或性别对他们的反应没有影响。内隐关联测试的结果显示，56% 的受试学生在无意识的情况下对体重抱有一般或较强的偏见。其中 17% 的学生表现出对瘦人的偏见，39% 的学生表现出对胖人的偏见。不过，2/3 反对肥胖的学生认为他们没有偏见，而所有对瘦持有负面态度的学生都认为自己没有偏见。

米勒在维克森林大学的新闻发布会上表示："因为对肥胖的偏见如此盛行，并且已经成为治疗肥胖的重要障碍，所以让医学院的学生认识并减少这种偏见对提高医疗服务质量至关重要，现在美国有 2/3 的成年人超重或肥胖。"[6]

颇具讽刺意味的是，马里兰州巴尔的摩市约翰·霍普金斯大学彭博公共卫生学院的研究人员也研究了体重对医患关系的影响，但研究角度有所不同。他们发现，超重患者更倾向于信任超重的医生，而体重正常的患者往往不那么信任超重的医生。[7]该研究的第一作者、彭博公共卫生学院卫生政策与管理系的助理教授苏珊·布莱希表示："我们的研究结果表明，与超重或肥胖的医生相比，体重正常的医生与患者讨论减肥问题的次数更多。此外，体重正常的医生更有信心为患者提供饮食和运动咨询，更相信自己的减肥建议值得信赖。”[8]

到底是谁在评判谁呢？

我曾经听过一个故事，源自古老的苏非派传说。苏非派是伊斯兰教的神秘主义派别。故事的大意是：人们在错误的地方寻找真理。这是13世纪的一则寓言故事，主人公是土耳其古代的一位智者霍加·纳斯尔丁（即“阿凡提”）。有一天，纳斯尔丁用绳子牵着一头驴，从邻国穿过边境准备回到自己的国家。驴背上驮着一大堆稻草。看守边境的人知道纳斯尔丁名气很大，确信他偷运了什么东西，所以想要揭开他的秘密，于是，他拦住了纳斯尔丁。

“你偷运了什么？”看守边境的人问道。“什么都没有。”纳斯尔丁说。“我要进行搜查。”看守边境的人搜了纳斯尔丁的身，打开了驴背上的稻草，结果一无所获。他很沮丧，放纳斯尔丁走了。

几天后，纳斯尔丁又牵着一头驮着柴火和稻草的驴回来了，并再次接受了搜查，但看守的人还是找不到任何东西。几个月来，这样的情况每隔一周就会上演一次，每次都是纳斯尔丁牵着一头驴，驴背上驮着一堆不值钱的东西，而看守边境的人始终没有发现其他任何有价值的东西。

终于有一天，满脸沮丧的看守人对纳斯尔丁说：“今天是我执勤的最后一天了。我知道你一直都在偷运东西，但我却怎么都找不到。我晚上睡不着觉，一直在想你到底做了什么。我就要离开这里了，所以也不想再给你找麻烦了，请你告诉我你在偷运什么，好让我安心走吧。”

"那好吧，"纳斯尔丁说，"我一直在贩卖驴子。"

在争取公平、平等和包容的过程中，我们找对地方了吗？我们是不是一直在那一捆捆稻草中寻找问题？

这是当前我们要问的一个特别重要的问题，因为我在写这本书时，距离"9·11"事件发生大约有20年的时间了，距离2008年经济大衰退也已经过去十几年了。这两件事不仅让美国民众多多少少有了创伤后应激障碍，而且加深了到目前为止我所讨论过的偏见。它们从根本上把我们带回了一个世界，在这里，领导者再次通过激发对他人的仇恨来诱骗追随者。这没有什么令人奇怪的，因为历史已经一次又一次地证明，经济压力会加剧人们受到威胁的感觉以及对"其他人"的恐惧感。从社会学的角度来看，经济衰退时，仇恨犯罪率会上升。从全球来看，独裁和法西斯政权几乎总是先于经济动荡，无论是德国的希特勒、意大利的墨索里尼、西班牙的佛朗哥，还是阿富汗的塔利班都是如此。他们的行为几乎都有相同的意图，那就是找到"异类"，并对其加以控制、废除或消灭。

我们可以想一想过去10年欧美不断膨胀的反移民情绪。在美国这个典型的移民国家，除了美洲原住民，几乎每个人都属于移民后裔，现在的反移民情绪却达到了几代人以来的最高水平。在丹麦、荷兰、瑞典、挪威和德国，民族主义政党已然崛起，伴随着我们再熟悉不过的种族主义热情。

过去30年来，我一直在研究人类的多元化，并且直接接触过成千上万的人。这些反应对我来说并不陌生。不过，显而易见的是，偏见普遍存在，而我们大多数人完全没有意识到它的存在，这一点已经得到了研究证实。

在过去 10 年中，我们发明了各种前所未有的科学方法来研究这个问题。虽然人类的大脑仍有许多谜团待解，但我们在神经科学和认知科学方面已经取得了突破，我们所知道的医学知识比以往任何时候都多。不管是在个人还是群体层面上，社会科学的大幅进步都让我们对人类行为有了从未有过的深入了解。科学赋予了我们洞察力，我们得出的结论与我们想象的截然不同。

我写这本书的目的就在于此。这些问题，我研究了一辈子也关心了一辈子，我相信这些对人类意识的新见解可能会让我们实现飞跃。如果我们能更深入地了解人类的状况，我们就有可能解决其中的某些问题，而且有可能改变我们作为一个物种的关系，我认为我们必须展开双臂对此进行欢迎。

但是，我要阐明一点，我写这本书并不是说我知道如何解决这些问题。事实上，我对无意识偏见的研究越深入，就会在自己身上发现越多的偏见。下面我举个例子：

不久前，我在密西西比州杰克逊市与杰克逊州立大学的系主任和教师一起工作。杰克逊州立大学是美国一所著名的黑人大学。工作了两天后，我要在田纳西州的孟菲斯转机，飞往纽约的拉瓜迪亚机场去见其他客户，那一周的剩余时间我都会待在纽约。到了孟菲斯后，我前往登机口，准备赶当晚飞往纽约的最后一趟航班。当我坐下来打开电脑准备干活儿时，登机口的服务员通知说，我们的航班要延误 45 分钟。紧接着，我身后就有人大声吼道："小姐，你是在跟我们说话吗？"喊声带着浓重的南方口音。我转身望去，看到一位男士，他给人一种圣诞老人的感觉，这是我能想到的对他最好的描述了。这个人 65 岁左右，白人，胖胖的，胡子和头发都已花白，穿着工装裤和法兰绒衬衫，手里拿着一本汽车杂志。嗬，我是要给他打上什么标签吗？我笑了笑，回头继续工作了。

45 分钟过去，该登机了。由于我积累了足够的飞行里程，所以升级到了头等舱。我沿着过道走到我靠过道的座位，发现靠窗的座位上竟然坐着那位“愤怒的圣诞老人”。我得承认我并不高兴，但我们还是互相点了点头，我相信很多人都熟悉这种飞机上的打招呼方式。接着，我坐在了座位上。飞机起飞并进入平稳飞行状态后，我拿出电脑继续工作。我在准备一门课程，我下周要在乔治城大学讲课。我的邻座在读他的汽车杂志。中间他起身去了趟洗手间，回来时问我：“你是做什么工作的？是教授吗？”我为他可能表现出的反应做好了心理准备，我解释了我的职业，告诉他我其实不是教授，只是在教一门课。他几乎没有什么反应，我们又各忙各的了。

到纽约之前，我们都没有再交流过。后来，乘务员播报飞机准备降落了，需要乘客把所有电子产品收起来。经常坐飞机的人都知道“飞机聊天”的时刻到了，因为现在可以安全地与人交流，而不用担心会被某人纠缠两个小时，要是在其他地方，你甚至都不会和这种人交谈超过两分钟。我转向那位先生问道：“你去纽约干什么？”

“去参加一次专业会议。”他回答。

我突然注意到他右耳戴着助听器，之前我并没有发现。这也许解释了登机前他听到通知时的反应。

“你是做什么的？”我问。

“放射科医生。”

我，一位拥有30年经验的多元化顾问，在脑海里把这位男士与各种社会刻板印象配了对，结果得知他竟然是一名医生。不过，故事到这里并没有结束。

“你对放射学有什么特别的兴趣吗？”我问。

“是的，”他回答道，人也立刻变得活泛起来，“我们正通过扫描活跃的大脑来了解它是如何对各种刺激做出反应的，尤其是人们与不同类型的人互动时会有何反应。”

换句话说，他是我最感兴趣的一个领域的专家。如果不是因为我对他的直接刻板印象，不是因为我的所有偏见，那么我可能会在两个小时的旅程中学到许多关于大脑的知识，甚至与我过去一年在研究中了解的大脑知识一样多！

唉，真是无言以对！

这种机制根植于我们每个人看待世界的方式之中。我将在本书讨论大脑为什么会有这种反应，它的目的是什么，以及大脑是如何按照这种方式运作的。不过，在我们开始讨论之前，让我先举个简单的例子。这个故事你可能听过。

一名男子和儿子一起乘坐飞机。飞机起飞后不久就遭遇了一场巨大的暴风雨，飞机坠落。父亲当场死亡，但儿子只是受了点儿伤，奇迹般地幸存了下来。救护车将他送往当地的医院，到达后立即送入手术室。在为男孩儿做好手术准备后，外科医生来到手术台旁，却突然停下来说：“我不能给这个男孩儿做手术，他是我的儿子！”

请问，这位外科医生是谁？

这个谜题或是类似的谜题已经流传多年了，大多数人可能都知道答案：这位外科医生是男孩儿的母亲！

这么说准确吗？也许，他是孩子的同性恋父亲？

我们的大脑会很快去寻找最能说得通的答案，但往往会错过摆在我们面前其他可能的答案。在后面的章节中，我将更详细地讨论这是如何发生的，以及为什么。

我写这本书并不是要对读者评头品足，或者自以为是地认为我比其他人在这方面略胜一筹。事实上，我很清楚，作为人类，我们都在同一条船上！

在应对无意识偏见时，我们面临着这样一个挑战：我们已经建立了“好人/坏人”范式来看待有关差异的问题。我在我的第一本书《重塑多元化》(*Reinventing Diversity*)[9]中已经详细讨论了这一点。我们处理这个问题的方式完全基于一个假设：好人会平等待人，而我们在媒体上读到的任何可怕的事情都是坏人做的。通常，那些因属于“异类”而遭受过痛苦的人尤其如此。例如，我们家属于东欧犹太人，有几十个亲戚丧命于大屠杀。在成长的过程中我经常听到亲戚们谈论反犹太主义的问题以及他们的担忧。但是，我也听过他们质疑不同种族的人。我听过非裔美国人抱怨种族主义，而这些人又会发表厌恶同性恋的言论。我还听过同性恋者对移民的猜忌。

你认识的人中有从不与“其他”群体接触交流的吗？

实际上，研究明确表明，大多数偏见，尤其是那些影响人们在组织生活中对他人尊敬程度的偏见，从根本上说是无意识的。我将在后面的章节中讨论这项研究。这并不是一个人想让别人难堪而做出的决定，而是所有人都有偏见导致的。偏见是人固有的。我们越认为自己能对偏见免疫，就越可能看不见或发现不了自己的偏见！

当然，我们也面临挑战，因为大多数人都很难面对这一点。我认识的很多人都喜欢把自己当作“好人”。我们认为自己对待周围的人很公平，至少大多数时候都很公平。想到抱有偏见可能是我们的本质特征，我们会不寒而栗。不过，显而易见的是，偏见几乎和呼吸一样正常，我们隐藏的恐惧和不安全感，经常会从我们对他人的反应中表现出来。既然我们已经逐渐达成共识，即有偏见是“不对的”，那么我们是否已经认识到，我们可能存在种族主义的思想和性别歧视的态度，但没有达到种族主义者和性别歧视者的地步？如果认识到这一点，那么在创建所有人都享有平等成功机会的组织和社会时，我们应该如何重新定义处理这些问题的方式？

有人对深入了解无意识偏见表示担忧。他们担心从无意识的角度解释偏见可能会提供一种借口，让那些表现出偏见的人否认自己的偏见，声称偏见的发生是无意识的。斯坦福大学法学院的R.理查德·班克斯和理查德·汤姆森·福特指出：

> 有关无意识偏见的论述之所以能占据支配地位，有一种更好的解释，那就是声称无意识偏见广泛存在。这从政治

上讲，比隐性偏见更容易接受……求助于无意识偏见并不能扫清指控或谴责，这是一种会扭曲思维和行为的近乎病态的举止。人们可能愿意承认自己也许存在无意识偏见，但他们会坚决否认自己在有意识的情况下抱有偏见。因此，声称偏见是无意识的，会促使人们在种族问题将会持续存在这一点上达成共识。尽管无意识偏见从表面上看对政治有益，但却有可能破坏或者瓦解人们对种族平等所做的努力。[10]

这些关切是正当合理的。人们会无意识地表现出偏见这一事实，并不会改变这种行为的影响。为便于讨论，我们假设前面提到的裁判受到了无意识偏见的影响，而不是有意要帮助某些球员而伤害其他球员。如果球员因此被罚出场，无法完成一场大赛，这从根本上说很重要吗？显然没有那么重要。但是，我们知道，我们对人类行为的感知方式的确会影响我们的感受以及我们所选择的互动方式。普林斯顿大学教授丹尼尔·L.埃姆斯和苏珊·T.菲斯克在最近的一项研究中发现，“人们认为故意伤害要比无意伤害严重得多，即使这两种伤害使身体受损伤的程度一样”。埃姆斯和菲斯克继而指出，因为这种现象，“人们可能将注意力集中在故意伤害上，而忽略（程度相同的）无意伤害”。[11]

与此同时，我们知道，让人们看到自己的偏见有一个最大的障碍，那就是羞愧和内疚，这是我们发现自己做了错事或遭到抨击时的感受。因为这种羞愧和内疚，我们会筑起防御之墙，减少与人接触的机会。

这些偏见影响着我们生活的方方面面。它们会影响我们应对威胁的方式，影响医患关系，影响我们对他人的判断。在组织生活中，它们会影响我们面试员工的方式，我们会聘用哪些人、把工作分配给谁、提拔哪些人，以及我们愿意把机会留给谁。实际上，偏见在组织生活的方方面面都留下了印记。此外，它还会影响老师教育学生的方式以及父母对待孩子的方式。事实上，我们在生活中做出的每个重要决定都会受到这些偏见的影响。而且，它们越是隐藏在潜意识中，我们做出最佳决定的可能性就越小。

我写这本书的目的是找到一种方法，邀请人们开口谈论自己的偏见。知道我们是谁以及我们想在社会上成为什么样的人，最终将取决于我们提高意识水平的能力，取决于我们能否意识到自己对恐惧的反应倾向。我并不是在呼吁人们忽略无意识偏见，相反，我希望人们在了解无意识偏见后，可以学习如何与之共处，并降低它对我们决策的影响。我知道有些心理学家说这几乎是不可能的。但是，我与成千上万的人一起工作过，根据我的经验，我们可以提高自己的意识水平。

有些人可能会说："你只管告诉我怎么做就行了！"唉，生活要是这么简单就好了。要是这么简单，我们要想减肥，只要学习饮食方法就行了，但很多人都知道这样做的效果如何。据说，爱因斯坦说过："如果给我一个小时来解决一个问题，而这个问题与我的生活休戚相关，那么我会用前 55 分钟的时间研究应该问什么问题，因为一旦我知道了该问的问题，用不了5分钟我就可以找到解决方案。”要改变基本的生活和生存方式，我们需要学习新的信息和行为。这也要求我们在面对当前话题时调整心态和情感。这就是本书力图达到的目的。首先，我会研究什么是偏见，以及为什么偏见对我们人类至关重要，进而探讨神经科学和认知科学有关大脑处理偏见的机制。我们还将研究无意识偏见对我们生活最基本的方面有何影响，以及它的各种表现方式。然后，我将分享一些资源，帮助大家了解自己的偏见。最后，我还会分享我们作为个人或整体可以学习的方法，来重新设计应对偏见的方法，以便为自己、组织和社区做出更好的选择。读完本书，你不仅会对自己的想法有更深入的了解，而且还会更清楚你的思维过程！

现在，让我们开始吧。

第一章

人人都有偏见

我们的有意识动机、思想和信念混杂着虚假信息、偏见、歧视、非理性的冲动，以及合理化的借口，而只有星星点点的真理游弋其中，让人们相信这一切都是千真万确的，尽管事实上其是错误的。我们的思考过程就是根据合理性规律对这一大堆幻觉加以整理。这一层面的意识旨在反映现实情况，它就是我们用来安排生活的地图。

德国心理学家、精神分析学家

埃里希·弗洛姆

面试对任何人来说几乎都是一件颇具挑战性的事，而在各种面试中几乎没有比医学院的招生面试更具挑战性的了。设想一下，你一直努力学习要成为一名好学生，甚至是一名优等生，而考医学院是你所面临的最激烈的竞争之一。实际上，你的所有对手都有一份出色的履历，并且成绩优异。面试过程在很大程度上影响着人们的决定，因为面试通常会将单纯的好学生与那些有潜力成为好医生的学生区分开来。

当然，其中的挑战在于，面试会受到许多无意识偏见的影响，这些偏见涉及很多与面试无关的因素，包括参加面试的候选人、面试官以及面试环境。多伦多大学的两位医生唐纳德·雷德尔迈尔和西门·巴克斯特决定研究其中的一个因素。[1] 他们发现，在雨天参加面试的学生似乎比在晴天参加面试的学生评分低，他们对此颇为好奇。

我敢肯定，读到这里的任何人都会同意，根据面试当天的天气情况决定是否录取学生，这简直太荒谬了。根据学生不可控的随机因素决定是否录取他们，这是多么荒谬的事情啊！

这件事也许很可笑，但确实发生了。

雷德尔迈尔和巴克斯特收集了 2004 年至 2009 年多伦多大学医学院的面试结果。他们汇总了面试分数，几乎所有面试都是在早春进行的。分数范围为 0 ~ 20.3，10 分及以下表示“不合适”，12 分表示“及格”，14 分表示“一般”，16 分表示“很好”，18 分表示“优秀”，20 分表示“杰出”。随后，他们在加拿大国家气候档案馆查询了面试当天的天气情况。

雷德尔迈尔和巴克斯特一共选择了 2 926 名参加面试的候选人为研究对象。候选人的人口统计特征与面试结果无关。但是，在雨天参加面试的人所获评分低于在晴天参加面试的人。

实际上，他们在将学生的面试结果与医学院入学考试的分数进行比较时发现，面试分数的差异相当于将部分学生的入学考试分数降低了10%！鉴于优秀申请人之间的竞争十分激烈，这足以决定学生是否会被录取，甚至能否成为一名医生。或许可以这么说，天气成了决定性的因素。

医学院的面试官可能对自己说“外面正在下雨，所以我要给这个学生较低的分数”吗？还是说他们的心情无意受到了天气的影响？他们的心情进而影响了他们对学生的看法？当然，我们大多数人都可以想象，天气恶劣、交通堵塞等因素可能会影响我们的心情，我们的心情可能会影响面试结果。但是，当我们对面试的人进行评估时，我们会考虑这些影响吗？

不难想象，当我们在企业里面试员工或做其他商业决策时，当我们给学生的论文评分或做其他决定时，包括看似不重要的决定或是十分重要的选择，类似的环境或其他担忧都可能影响我们。

潜意识影响着我们的日常生活。不管我们有没有意识到，我们表面上的反应都取决于内心深处的波澜，取决于我们未知的心理世界。

从某种程度上说，我们都知道这是真的。大多数人在生活中的某个时刻都问过自己，为什么做了某件事，或是为什么没有做某件事。我们发现自己很想知道：为什么我们的行为不总与自己的想法一致？为什么我们会吃那么多东西？为什么我们会对亲人失去耐心？即使有意识地要求“更高层次”的自我不要这样做，我们仍可能做出上述行为，即使心里清楚某些事很重要，我们往往也很难激励自己去做这些事。喜剧演员弗利普·威尔逊在19世纪六七十年代凭借“是魔鬼让我做的”这一经典台词成就了一番事业。大多数人在觉得自己的行动或选择似乎受到了他人指使时，心里可能都会想说这句话。

我们不断做出受无意识偏见影响的决策。实际上，即使我们的偏见看似是有意识的，也可能受到我们内心的无意识假设的影响。它就像一条被污染的河流，我们可能会竭尽所能清理流到下游的河水，却没有意识到，上游工厂或污水处理厂排出的污染物才是罪魁祸首。

想一想人们对女同性恋、男同性恋、双性恋、跨性别者和“酷儿”等性少数群体（即LGBTQ）的偏见。10年来，我们看到了婚姻平权取得的突破：美国军队废除了“不问，不说”的规定；LGBTQ演员以及相关主题的艺术节目不断涌现；还有一位女同性恋人士当选得克萨斯州休斯敦市的市长。然而，对LGBTQ群体的偏见仍在继续扩散。

盖洛普公司2013年5月13日发起的一项民意调查显示，45%的美国公众认为，法律不应该认可同性婚姻。[2] 2013年7月，日益保守的美国最高法院通过了两项裁决，为加州的同性婚姻合法化开辟了道路。它关于《捍卫婚姻法案》违宪的裁定，确立了同性伴侣可以享受联邦福利的资格。尽管如此，公开歧视LGBTQ群体并反对平权的风气依旧存在。虽然娱乐圈有很多人公开了自己的性取向，但美国演员工会—美国电视和广播艺人联合会的一项研究发现：“我们在5 600多名工会成员中做了一次调查。反馈显示，几乎一半的男女同性恋者和27%的双性恋者‘强烈认同’，在制片人和电影公司高管的眼里，同性恋演员的商业价值较低。”[3]

但是，这些显而易见的偏见真的就是有意为之的吗？很多人都发现自己面对LGBTQ群体时会很不自在，或是十分反感，但造成这种敌意的根源可能仍隐藏在我们的潜意识中。这些偏见从何而来？“男孩儿应该玩这些玩具，不要玩那些玩具”，我们大多数人最开始听到这句话的时候可能还很小。当我们第一次在周围的人中看到典型的“正常人”或是“病态的人”“不道德的人”“令人恶心的人”时，我们有多大？当我们开始去礼拜场所聆听《圣经》的教诲时，我们有多大？当我们听到别人讲同性恋笑话时，我们有多大？

正如美国心理学会负责研究生和研究生教育的执行副主任布雷特·佩勒姆所说：“实际上，所有偏见都是无意识的。例如，女性更善于养育，男性更有力量，这一想法已经在我们心里根深蒂固了，就像巴甫洛夫养的狗听到铃铛声就知道马上能吃到肉粉了一样……偏见让我们在生活中不用每遇到一件事都重新进行评估。”

即使我们的偏见从终端来看是有意识的，其上游的原因也可能隐藏在我们的潜意识中。长期以来，我们一直认为刻板印象和偏见是偏执者的专利。然而，在过去的20年中，大量有关无意识的研究却揭示了一个令人尴尬的事实：所有人都在不断地调整自己的偏见和想法，所有人都没有意识到自己在这样做。

那么，偏见究竟是什么？为什么我们会有偏见呢？

偏见是指“某种倾向或偏好，特别是那种阻碍我们对问题做出公正思考的倾向”。[4]

虽然我们在想到偏见时，一般会将其与歧视联系起来，但实际上我们对生活的各个方面都存有偏见。我们偏爱某部电视剧或电影，偏爱某些或某种食物，偏爱某类书或故事。事实上，我们拥有的任何喜好可能都与内在的某种偏见有关。而且，在大多数情况下，这些偏见都是无意识的。

这并不是说，我们每次对某人做出错误的判断都是因为偏见。在这里，有必要区分一下偏见和“逻辑谬误”。人们有时会遵循错误的逻辑，从而导致推理错误。当我们根据错误的逻辑确立某种立场时，这种情况就被称为“谬误”。相比之下，偏见则源于我们思考时的某种“故障”。偏见的起因也许是社会的熏陶、我们学到或接触到的信仰体系、记忆中的特殊事件，或是我们无意中掌握的某种假定的“事实”。

偏见已经进入了政治领域。此外，偏见是否常常与某种哲学问题联系在一起也是一个未解之谜。不过，我们觉得自己在这些问题上的“开明”程度，或是我们在多大程度上可能沦为其他人偏见的受害者，对我们拥有的无意识偏见几乎没有什么影响。颇具讽刺意味的是，认为自己在种族问题上很开明的人（包括自己及也是有色人种的人），与那些公开声称自己是种族主义者的人相比，在无意识偏见的程度上可能没有什么太大的不同。再比如，那些认为自己在性别问题方面很开明的人也许有隐藏的性别偏见。

举个例子，我们想一想这个问题：谁更适合工作，谁更适合待在家里，是男人还是女人？大家对这个问题的态度如何？弗吉尼亚大学的研究人员让男女受试者在有意识的情况下回答女性与工作的关联程度这一问题时发现，男性和女性的答案差别很大。女性将自己与工作联系起来的可能性几乎是男性的两倍，而男性认为两者没有关联的可能性几乎是女性的两倍。但是，就同一个问题而言，如果测试他们在无意识状态下的态度，男女之间的差异基本上就消失了。结果显示，在无意识状态下，男女之间的差别小于 20%。我们所有人都无意识地吸收了同样的刻板观念，拥有相似的内部价值体系，它往往与我们在有意识状态下的价值观完全不符！

在日常生活中，这种感知差别是如何出现的呢？也许源自领导对女员工是否愿意出差或是接受海外派遣的假设，抑或女员工是否愿意提出要求，比如加薪。也许源自我们有多么相信有关性骚扰的指控。也许源自男士在多大程度上会听从女士的意见，抑或大家对有小孩儿的女性可以享受弹性工作制的看法，即使公司明文规定可以实行弹性工作制！我们有意识的价值体系与无意识的驱动因素相互冲突，这会让我们自己以及观察我们的其他人产生困惑。

这些差别往往就体现在细节中。就像父子遭遇飞机失事的那个故事，在有意识的情况下我们不会说："我不会考虑那位医生可能是孩子的母亲或是孩子的同性恋父亲。"但是，我们在思考这个问题时，这些画面或想法是不会出现的。偏见是人类基本的保护机制。

心理学家约瑟夫·勒杜认为，偏见是一种无意识的“危险探测器”，在我们做出有意识的思考之前，它会判断某个人或某种情况是否安全。[5]例如，在原始社会，如果我们遇到一群人在河边取水，我们就必须立刻判断这群人是不是“我们的人”。错误的判断可能导致我们死亡。通过进化，我们知道快速做出这些决定可以让我们免于一死。无意识偏见来自社会对某些群体的刻板印象、态度、观点和否定，这些偏见是我们在无意识的情况下形成的。我们从有偏见的媒体、社交平台或其他来源获得的信息可能会助长这种偏见，因为这些信息往往是断章取义的。

当我们在生活中遇到其他情况时，也是同样的道理。我们把“过马路很危险”这一“偏见”教给了孩子们，希望他们在追逐玩耍或步行上学时，可以本能地在路口停下来。在不能确定火炉还烫不烫时也是一样，我们会本能地小心触碰。我们的大脑就是一直在以这种方式保护我们。

有一点我们需要知道，那就是出现这些偏见是有原因的。想象一下，如果你没有任何偏见地来到这个世界。你怎么知道接近你的人是否“友好”？你如何判断各种情况？如果有人拿着刀向你走来，将刀高高举起，你会看着他说“我想知道这是什么，你打算用它做什么?”，还是会立即开启“战或逃”模式来保护自己?

为了在这个极其复杂而繁忙的世界生存，我们练就了将经常接触的人和事进行分类的能力。我们会将他们划分为清晰的类别，以便快速确定他们是否符合我们的经验背景，并确定未来的走向。性别、种族、性取向、年龄等等，都是我们会划分的类别。比如，我们知道头发花白的人可能年纪较大，在与对方打交道的时候，这比完全不知道对方的年龄要好一些。因此，我们的大脑如果将品质和价值观与“好坏、对错、聪明愚蠢、安全不安全”这些类别联系在一起，那么也不算太大的跳跃。

其中最有力的一种分类方法就是刻板印象。我们开始学习如何“读懂”不同种类的人。当与之相遇时，我们会立即将他们与我们之前遇到的人进行比较。他们友好吗？安全吗？热情吗？如果回答是肯定的，那么我们在和他们相处时可能会觉得很舒服。相反，如果他们有敌意、不友好，那么我们的大脑会发出一条不同的信息：小心！刻板印象提供了一条捷径，可以让我们的生活更加高效，让我们觉得更加安全。

当然，即使我们以前从未遇到过某种类型的人，也可能会根据我们对“这样的人”的了解，做出相同的判断和评估。早在 1906 年，威廉·格雷厄姆·萨姆纳作为耶鲁大学的首位社会学教授，就提出了“内群体 / 外群体偏见”的概念。萨姆纳写道：“每一个群体都会滋养出其自有的骄傲与虚荣，吹嘘自己是优越的，尊崇自己的神，蔑视外人。”[6] 当“内群体”在特定情况下成为主导或主流文化时，这种现象就会被放大。因为在任何环境中占主导地位的文化群体通常都会为其创建可接受的标准规范和行为，所以非优势群体的人通常会被视为“不同的”“异常的”“劣等的”，甚至是“病态的”或“不道德的”。

举个例子，商业文化通常由男性主导，商业领袖绝大多数也是男性。企业文化基本上在领导更多由男性担任的时代就出现了。这在大多数企业中催生了由男性主导的文化模式。但是，大多数男性并不认为自己的企业是在以“男性的方式”工作，而是认为他们是在以“正确的方式”工作，甚至没有意识到在他们的潜意识中，“正确的方式”和“男性的方式”基本上是同义词。

如果我们客观地探讨这种想法，可以看到其中的逻辑是可以自洽的。设想一下，我们创造一个大脑，让其经历数千年的进化，那么在遇到陌生的人和事时，比起可能令人愉悦的事物，大脑会对危险的事物更加敏感，这应该可以说得通吧？发现可能杀死我的人，比发现可能给我带来“惊喜”的人更重要，这是显而易见的。如果我们对某个人或某些人不太了解，那么他们可能会对我们构成潜在的危险，除非事实证明并非如此。我们天生就会先注意到潜在的威胁，而后才是朋友，先注意到潜在的危险，而后才是潜在的快乐，这有助于我们存活下来。

不仅仅限于人，我们会给各种各样的事物打上标签，试图把它们弄清楚。我们看到什么东西，大脑就会自动给它分类，我们会有意识或无意识地说“这让我想起了……”，以此识别当时我们正在处理的东西。佩勒姆研究了这种行为方式，发现我们对狗也是如此。[7] 如果你给人们看斗牛犬、牧羊犬、贵宾犬和指示犬的图片，并询问他们哪种狗比较“忠诚”“谨慎”“执着”或“笨拙”，你几乎每次都会得到相同的答案。这些思维定式甚至已经成了我们语言的一部分（例如，“他像斗牛犬一样执着”！）。当然，我们可以说某个犬种拥有共同的特征，但并不是同种的任何一只狗都有一模一样的行为方式，不过，我们还是会这么假设。这样做更便捷、更容易，对我们的大脑而言，效率也更高。而且，这通常是无意识的。尽管我们尤其关注有关种族和性别认同的无意识偏见，但其实这种偏见存在于生活的方方面面，并会受到可能让我们倍感惊讶的因素的影响。例如，我们会根据自己习惯用哪只手而做出某些决定，这没有什么奇怪的。我们可能会选择坐在某个位置，因为我们惯用右手或是左手，不想总碰到旁边的人。荷兰马克斯·普朗克心理语言学研究所的一项研究似乎表明，我们对惯用手的反应可能会影响我们，其影响程度甚至超出我们的想象。

在这项由丹尼尔·卡萨桑托带头的研究中，研究人员发现，人们不仅倾向于选择惯用手旁边的东西（换句话说，如果你惯用右手，那么更有可能选择在你右侧而非左侧的东西），而且我们还会根据别人用哪只手来做出反应。[8] 此外，我们还可以根据别人无意中使用了哪只手来了解他们的正面或负面态度。

“实验室测试显示，人们会将积极的想法，比如诚实和聪明，与惯用手一侧联系起来，而将消极的想法留给另一侧，”卡萨桑托说，“我们发现，人们会用自己的惯用手表达积极的想法，比如聪慧、有吸引力和诚实，而用另外一只手表达消极的想法。”研究人员还分析了政客的言论，看是否存在这种情况。他们研究了 2004 年和 2008 年的美国总统选举，追踪了 4 位总统候选人的 3 012 句发言以及 1 747 个手势，其中两位候选人是右撇子（约翰·克里和乔治·布什），另外两位候选人是左撇子（贝拉克·奥巴马和约翰·麦凯恩）。在这两次大选中，惯用手都与肯定陈述相关，非惯用手则都与否定陈述相关。换句话说，如果候选人惯用右手，那么当他们做出肯定陈述时，会用右手做手势，反之亦然。

现在想象一下，你聘用了某个人，因为他碰巧坐在你办公桌右侧的椅子上，而非左侧的椅子上。这种决定聘用谁的方式难道不是很愚蠢吗？当然，除了对碰巧坐“错”了方向的那个人不公平外，这也是一个糟糕的人才管理决策。你能找到最佳人选的概率已经降低到和掷骰子的概率差不多了。

在大多数情况下，我们都会以这样的角度看待偏见，即对某人持有负面的偏见，这种偏见会对此人成功的机会产生破坏性影响（例如，一位女士没有被录用，原因是有人对女性持有性别偏见）。不过，实际情况要复杂得多。

这些针对特定群体的负面偏见（如图 1.1 中 Q1 所示）是我们关注的对象。实际上，我们已经制定了法律，确保人们不会因这种方式受到歧视。但是，这并不是偏见在日常生活中扮演的唯一角色。

奇怪的是，偏见对某些群体而言也会有建设性的作用（如图 1.1 中 Q2 所示）。我们可以通过许多方式从偏见中受益。我们知道好强的人可能不适合做客服。没有一定技术背景的人不适合需要熟练使用电脑的工作。如果没有这些“筛选器”，那么招聘将会一塌糊涂，因为我们要从大量的简历入手，必须在时间允许的范围内仔细研究每份简历。

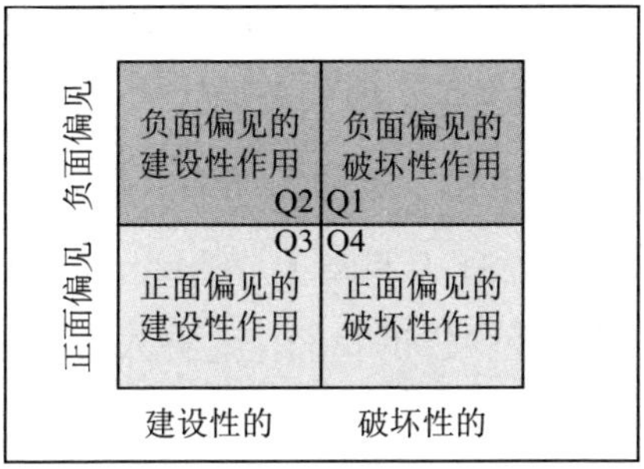

图1.1 偏见的类别

我知道很多人会说这些属于“任职资格”，而寻找任职资格与抱有偏见并不是一回事。实际上，任职资格只是我们已经达成一致并形成文字意见的偏见。有很多人表现很出色，但并没有正规的资格证书，像这样的例子不胜枚举。如果资格是成功的唯一衡量标准，那么像史蒂夫·乔布斯、比尔·盖茨和马克·扎克伯格这样的大学辍学生将不会为人所知。但是，我们知道，尽管偶尔会出现像他们三位这样具有创造性的奇才，但查看150份简历而不考虑教育背景并不明智。因此，我们会利用自己对缺乏资格的偏见，来“过滤”我们认为不适合某个职位的申请人。在遇到危险时也是一样。比如，如果把车停在犯罪率较高的区域，我们就可能特别小心。

尽管如此，我还是要指出，人们应该充分意识到，我们在多大程度上会把这些负面偏见视为理所当然，这一点需要深思。即使是最可靠的简历筛选模式也总有例外（比如乔布斯、盖茨和扎克伯格）。因此，虽然负面偏见可能会有益处，但我们绝不应该假设这是绝对的。载入体育史册的很多运动员，如果按“正常”的标准衡量，他们会被认为“过于矮小而难获成功”。但是，他们却取得了远超预期的成功。偏见对于某类人的建设性作用也是一样（如图 1.1 中 Q3 所示）。我们往往会寻找某种人，因为经验告诉我们，这种人会满足我们的需求，让我们更放心。比如，某人拥有某个大学的学位或上过某所大学；或是拥有某种性格，适合特定的工作；或是拥有一定的语言技能或其他“资格”，让我们认为他更适合这份工作。同样，拥有这些“过滤器”可能大有裨益，但是我们必须小心，不要过于盲目，以至无法看到例外的人或事。

最后，我们还要注意这些正面偏见的潜在破坏性（如图 1.1 中 Q4 所示）。这种影响会以几种不同的方式呈现。例如，由于我们对某类人抱有正面的偏见，所以可能会对他们寄予不切实际的期望。我记得一位中国学生曾对我说：“就因为我是亚洲人，大家就都期望我在数学和科学方面出类拔萃，这真是烦死人了。我根本不喜欢数学，我更喜欢社会科学。但是从父母到老师，所有人似乎都认为，如果我的数学成绩没有都拿到 A，就必须‘加倍努力’，即使我在对我来说重要的课程上有很好的表现。”

如果我们偏爱某个群体或某个人，这种偏见可能还会有另外一种破坏性效果。我们对他们的正面偏见，会导致其他人遭受痛苦。想象一下，你正在面试两位候选人，其中一位候选人让你想起了你的妹妹，这一点你甚至可能没有意识到。对你来说，只是感觉，“这个人身上有什么东西我很喜欢”。这种感觉会让你更关注此人，更认真地倾听她的发言，甚至在面试中对她更加热情。面试非常顺利，你想录用她。但是，在这种正面偏见的“光辉”下，可能存在一个瑕疵，另一位候选人由于你对第一位候选人的偏见而未获得公平的对待。

如果我们可以完全清醒地意识到自己所做的每个决定，并且不受任何偏见的影响，那当然很好。但是，这种想法不仅不现实，而且是不可能的，因为如果这样，我们大脑处理信息的速度就会变得很慢，甚至停滞不前。我们要做的是弄清楚偏见何时会有益于实现更大的目标。

我们会对人和行为产生偏见，这种情况贯穿我们的一生。我们认为某种行事方式比另一种“更好”，我们更喜欢有某种长相或是某种行事方式的人。有时，我们甚至建立了一种行为模式，就某一领域而言，这种模式很适合我们，但是在不合适的场合，我们也会因为惯性而无意识地使用这种行为模式。

举个例子，《华盛顿邮报》2013 年 5 月 5 日有这样一则报道：

> 参加过两次战争（伊拉克战争和阿富汗战争）的军人退伍后，在开车时发生致命的机动车事故的概率比平民高75%。与参战前的几个月相比，服役军人在撤离驻地后的

几个月内发生车祸的风险更高。多次深入作战区的军人发生交通事故的风险最高。

这个问题显然备受关注。报道继续写道：

最普遍的解释是，军人延续了在作战区时的驾驶习惯，当时这些习惯可以救命，但在美国本土的道路上行驶时却很危险。这些习惯包括快速驶过十字路口、横跨车道、在桥上转弯，甚至有人不系安全带，因为这会阻碍快速逃生。[9]

这是无意识偏见带给我们的巨大挑战之一。因为没有意识到这一点，我们会把适用于某一领域的行为或评估标准应用到他处，结果发现它们没有任何帮助，甚至会导致悲惨的结局。

只有一种偏见吗？

只有一种偏见吗？还是偏见有不同的类型？哈佛大学商学院的艾米·卡迪、普林斯顿大学的苏珊·菲斯克以及威斯康星州阿普尔顿劳伦斯大学的彼得·格里克研究了这一差别，并描绘了一幅有价值的地图，它有助于理解我们处理偏见的方式。[10]

卡迪、菲斯克和格里克确定了两种不同形式的偏见。第一种是基于等和力的偏见。用他们的话说："等和力的评价维度包括善良、可靠、宽容、友好和真诚。"[11]

简言之，你认为这个人招人喜欢吗？你和这个人在一起觉得舒服吗？第二种是基于竞争力的偏见，例如“能干、熟练、聪明和自信”。[12] 从这两个维度看待偏见能使我们更好地理解，我们为什么会对某些群体持有固有的偏见，甚至非常强烈的偏见，以及为什么我们在对待不同群体时存在很大差异。通过大量研究，卡迪、菲斯克和格里克发现，对有些人来说，我们既不想与他们亲近，也不觉得他们具有竞争力（比如接受福利救济者、无家可归者、穷人和阿拉伯人）。我们可能会觉得有些人容易接触但没什么竞争力，（比如老年人以及身体或精神残疾的人）。还有些人，我们可能觉得他们的能力很强，但不容易亲近（比如亚洲人、富人和犹太人）。最后还有一类人，比如家庭主妇、基督徒和美国中产阶级，这类人往往给人既具亲和力又有竞争力的感觉。[13] 我们对这些群体的不同印象，可能促使我们做出截然不同的行为。

我们对人的态度更多取决于这个人是否有亲和力。我们更有可能先在情感上判断是否喜欢某人，然后再判断他们的能力如何。卡迪及其研究伙伴认为，这会产生更积极的作用。他们写道：“具有亲和力的群体往往能够引发更多主动的支持（即帮助），而缺乏亲和力的群体则可能引发主动的伤害（即攻击）。”[14]

他们还指出：“竞争力维度是次要的（因为它的评估标准是某人实现其意图的能力），引发的是被动行为——当某个群体被视为有竞争力时，就可能引发被动的支持（即强制性交往、便利合作），而当某个群体被视为缺乏竞争力时，就会引发被动的伤害（即忽视、置之不理）。”[15]

由此可见，偏见的表现形式可能截然不同，具体取决于引起我们反应的是哪个维度。假设你正在与老年人或残疾人打交道，研究显示大多数人认为这两种人属于高亲和力、弱竞争力的类型，你可能会对他们非常热情并充满爱心，但实际上他们的能力比你想的要强。

多元化顾问、前首席多元化官德布·达吉特

我是一个身高只有120厘米的女人，平时不是拄拐，就是坐轮椅。因此，人们见到我时常常露出惊讶的表情也就不奇怪了。

我经常发现有人想对我说些真诚赞美的话，结果却总让人不太愉快。比如说："我第一次见到你时，很惊讶地发现你是残疾人。但是，我现在都不把你看成有特殊需求的人了。"我更喜欢别人说我是"身有残疾的人"，而不是给我整个人打上"残疾"的标签。还有人会说："你肯定在一家十分特别的公司工作，否则他们不会聘用你这样的人担任如此重要的职务。"有些人不断地问我什么时候才能康复或正常走路而不用再坐轮椅了。

大多数残疾人都认为，残疾是我们身份中重要而宝贵的一部分，没有必要为了让别人接受我们或是认为我们有能力而忽视或遗忘它。

我很多年前曾在圣路易斯为客户主持一个研讨会。当时，我们正在一家酒店进行为期三天的培训。我们准备了几把轮椅供与会者在酒店里使用。显然，坐轮椅并不一定表明身体有永久的残疾，但是我们发现，普通人在看到使用轮椅的人时会对他们特别关注，并影响其之后的行为。其中一位与会者前一晚使用了轮椅，第二天早晨他打电话叫酒店来送早餐，结果客房服务员惊讶地发现他住的竟然不是无障碍客房。服务员进入房间把托盘放在桌子上，取下铬合金盖子，然后开始帮他切食物！这位与会者惊呆了，问服务员在做什么。服务员说他只是想提供一些帮助。这个例子说明，当我们非常热心地帮助他人时，也可能表现出高人一等的姿态，低估对方的实际能力。

另一种情况，你可能十分认可某人的能力，觉得他精明能干，但却不一定喜欢这个人。这又可能导致完全不同的偏见。你为某个项目建立团队时可能不会选择他们，也不会邀请他们共进午餐或是参加其他商务聚会，而这会影响他们获得成功的概率。

我们有多理性?

当我们对比这两种态度，即自己对别人的真实态度和我们自以为的态度（尤其是在商业环境中）时，这些研究发现也很重要。我们总以为自己是理性的，而感性仅居于次要位置，这在西方文化中并不罕见。比起感性，我们更重视理性，这一历史由来已久。但是，在实际生活中我们究竟有多理性呢?

在这个大众媒体和社交媒体信息呈现两极化的时代，我们可以选择想关注的人和内容。很明显，政治差异让我们经历了不同的“现实”。耶鲁大学法学教授丹尼尔·卡汉、俄亥俄州立大学心理学家艾伦·彼得斯、康奈尔大学心理学家埃里卡·道森，以及俄勒冈大学心理学家保罗·斯洛维奇探讨了政治是否会影响我们的做事能力，有些东西实际上是非常“理性”的，比如数学题。[16] 卡汉让 1 000 多名受试者解决一道棘手的数学题。在第一个版本中，他提出的问题涉及一项护肤霜的临床研究结果。59% 的受试者回答错误。

然后，卡汉在试题中加入了情感元素。题中的数字还是一样的，但题目换成了禁止私藏手枪的法律效力，这是一个集政治与感性为一身的问题。卡汉及其同事发现，“保守的共和党人不太可能正确解释枪支禁令降低城市犯罪率的数据。而对自由的民主党人来说则恰恰相反。此外，越擅长数学推理的人一般来说越容易弄错涉及政治的问题”。[17]

我们接受的教育告诉我们，如果拿出正确的“证据”就可以说服人们放弃他们原来的观点。但是，这项研究表明，政治偏见实际上会降低我们的逻辑推理能力。在感性与理性的斗争中，感性常常会胜出！

在一项类似的研究中，达特茅斯学院政府管理助理教授布伦丹·尼汉发现，如果选民被误导，那么告诉他们真实信息只会让他们更坚持自己的观点！尼汉发现了以下证据，说明面对真实信息时，人们会更加坚持受到错误信息误导而得出的结论：

- 那些认为在伊拉克发现了大规模杀伤性武器的人，如果看到纠正这一观点的新闻报道，就会更加坚信这一错误信息。
- 那些认为乔治·W.布什禁止了所有干细胞研究的人，即使看到文章说只有几项联邦资助的干细胞研究暂停了，也还是会认为布什禁止了所有干细胞研究。
- 如果给那些最看重经济，并且对贝拉克·奥巴马经济成绩不满意的人看上一年非农业就业人数的图表，即使其中有一条上升的曲线，表明增加了约一百万个工作岗位。当问及这些人对就业率变化的看法时，很多人还是会看着图表说“下降了”。[18]

所有这些可能都表明那句古老的格言是对的——“切勿让事实妨碍好故事!”

这种思想的大部分源头可以追溯到近2 500年前的柏拉图。柏拉图在对话集之一《斐德罗篇》中用战车比喻人类在世的生活。柏拉图将爱形容为“神圣的疯狂”。他描述道，这辆战车由一名车夫和两匹有翅膀的飞马组成：

> 首先，具有人类灵魂的车夫驾驭着两匹马。其次，其中一匹马是高贵的，具有高贵的血统，而另一匹马在品种和性格上却截然相反。因此，对我们而言，驾驶必然是困难且麻烦的。

在这个寓言中，车夫代表着我们的理性，是我们灵魂的一部分，用来约束马匹、热情的本性和正直（极端的积极情绪），还有消极的欲望。只有当车夫掌控一切时，我们才能朝着启蒙前进。

2 500 年以来，我们一直在理性的祭坛前敬拜。想一想它在我们的语言中出现的频率就知道了："你确定你很理性吗？你是不是太感情用事了？"

事实证明，我们远没有我们以为的那么"理性"，如果不能认识到这一点，就可能影响我们清晰思考的能力。著名神经科学家安东尼奥·达马西奥在《笛卡尔的错误：情绪、推理和大脑》一书中讨论了这个问题。

在这本书中，达马西奥讲述了他与一位名叫艾略特的患者见面的故事。艾略特因切除脑肿瘤导致腹内侧前额叶皮质损伤。腹内侧前额叶皮质是前额叶皮质的一部分，负责处理风险和恐惧。它在管理我们的情感反应和决策方面起着重要作用。艾略特曾是一位成功的商人，也是一位有家室的人，但他在手术后却活得很艰难。尽管他的智商还是很高（高于 97% 的人），但他周围的一切，包括生意和婚姻都以失败告终。有人认为，没有感情的人会做出非常"理性"的决定。但是，艾略特似乎没有任何动力。达马西奥写道："他始终处于受控的状态。即使作为当事人，他也没有感受到痛苦。我和他交谈了很长时间，但从未看他流露出一丝的情绪——没有悲伤，没有急躁，没有沮丧。"

达马西奥发现，艾略特因为缺失情感，甚至无法做出最简单的决定。每个很小的决定，似乎都要用上他一辈子的时间。他会花很长时间选择用哪支笔写字，是否要预约，或是决定在哪里吃午餐。达马西奥总结说：“艾略特成了一个拥有正常智力但无法做出适当决定的人，尤其是当决定涉及个人或社会事务时。”

达马西奥形容艾略特是他自己生活中一位“置身事外的旁观者”。当大脑中负责情感的部位受损后，他就几乎无法做出任何决定了。[19]

我们认为自己应该做出的理性决定，与潜意识和情绪反应的实际影响之间存在天壤之别，这种差别一直伴随着我们。潜意识和情绪反应可能会隐藏在表面之下，无人注意，往往被人们置之不理。我们倾向于把自己视为好人，但我们仍会有这些情感冲动。我们认为自己看到的情况与实际发生的情况之间可能会有巨大的差距。用弗洛伊德的话说，“本我”，也就是我们的本能冲动，会以某种方式做出反应，但“超我”，也就是我们内部的控制者和管理者，试图把我们的本能深深地埋藏在潜意识中，以此来控制它。例如，我们知道自己“不应该有偏见”，因此我们让自己相信我们没有偏见，即使有时铁证如山，我们也不承认自己是有偏见的。

实际上，我们可以在这项研究中看到很多明显的矛盾，其中之一便是：具有强烈自尊心的聪明人也许最有可能看不见自己的偏见。滑铁卢大学的心理学家菲利普·道奇森和乔安妮·伍德发现，自尊心强的人对弱点的反应要低于自尊心弱的人。因此，他们将自己的消极想法内化的可能性更低。不仅如此，聪明的人通常会将自己的偏见合理化。我们为自己的观点给出的解释越复杂，我们就越会将其视为真理！[20]

此外，我们的文化也提供了一套特定的标准和规则，这些标准和规则的指导思想从本质上说就是“不要像他们那样!”。我们的标准组成了内在的“规则之书”，而其他标准在我们看来完全是错误的。因为我们的身份是围绕这种自我认同形成的，所以我们在某种程度上将自己视为“正确的”，而将他人视为“错误的”或“有缺陷的”。

这个过程没有错。它根植于每个人的大脑，但会在我们理解自己如何回应他人时造成真正的伤害，因为我们基本上没有意识到这一点。现在让我们看一下大脑是如何让这一切发生的。

第二章

元认知：关于思考的思考

我对包括人类在内的所有生物都非常感兴趣，尤其是人类。比起其他物种，我更倾向于通过情感来读懂他们，所以我特别想知道他们在想什么，他们是谁，是谁躲在那一双双眼睛的后面，他又是如何到达那里的，还有，究竟发生了什么。

艾丽斯·沃克

想象一下，一天早上你走在街上，也许是要去上班。一路上你看见了很多人，即使你基本上处于沉思的状态，有些人还是会引起你的注意。那个身穿蓝色西服打着伞的家伙看起来很生气。那位戴着金丝边眼镜的女士看起来很友好。这个人看起来很富有，那个人看起来很贫穷。这个人看起来很聪明，而那个人聪不聪明，你就不太确定了。假如你独自去参加一个聚会，那么你会找哪个人聊天？为什么？

下次和一群人在一起时检验一下，看看你怎样评估周围的人，把他们划分为快乐、悲伤、聪明、愚蠢、有吸引力、无吸引力、安全和危险等不同类别。你会不会立刻对他们的工作做出判断？你做这些判断时是经过深思熟虑的吗？我们的大脑充满了有意识和无意识的记忆，我们会用这些记忆判断自己所处的环境。

实际上，这种思维过程不仅适用于人，还适用于我们遇到的几乎任何事物。停下来，环顾一下房间或是你所坐的地方，让你的目光落在任何一个无生命的物体上，看看你会出现什么记忆。那边的一盏灯有没有让你想起小时候奶奶家的那盏灯？那个火警警报器有没有让你记起学校里的消防演习？墙上的照片有没有让你回忆起大学宿舍里的照片？你上次记起这些事物是什么时候？实际上，这些记忆存储在我们的潜意识中。如果不是遇到某件事或某个人，我们不会意识到他们的存在，也根本不会想起他们。

此外，还有一点需要注意。这些回忆带来了什么感觉？是愉快、高兴、温暖的？还是难过、沮丧、痛苦的？看到这些东西会让人重拾相关记忆，回想起当初的那种感觉。

我们在一生中会拥有无数的记忆，并将这些记忆有意识或无意识地存储在大脑中。其中有些记忆是非常清晰且可靠的，但大多数记忆都是在无意识的情况下融入我们的思想和感情中的，像归档系统一样储存在我们的大脑中。我们遇到的情境通常会在我们没有完全意识到的情况下触发这些记忆。这些记忆也会拼接在一起，构成我们对“真实”世界的看法。但是，这个世界究竟有多“真实”呢？

在我小时候，篮球比赛结束后经常举办“短袜舞会”。那个时候，大家确实不穿鞋只穿袜子跳舞，这样就不会弄脏体育馆的地板了。鉴于当时没有LGBTQ学生，男孩儿会在房间的一侧排成一列，而女孩儿则在另一侧排成一列。大家几乎总是期待男孩儿请女孩儿跳舞，因此不一定什么时候，大家会让你在所有朋友面前走到健身房的另一侧，请一个女孩儿跳舞。如果她拒绝，你必须在所有朋友面前退回来。

退回来的时候，你会想什么？一般来说，你会想：“我以后再也不会这样做了！”

让我们快进25年。你所在的公司正在举行年会，你需要致电重要的社区成员邀请他们参加年会。你坐在办公桌旁拿起电话，突然紧张感袭来。邀请这一行为引发了你对拒绝的恐惧。就像有人进入了你内心的点唱机，按下“D7”，那首恐惧之歌便开始播放。当时，这种害怕拒绝的感觉是你选择的，还是自然而然“发生的”？会不会是你要打电话邀请的那名女士的名字使你想起了舞会上拒绝你的那个女孩儿，或是其他各种类似的原因？

这些触发因素时刻伴随着我们。一段记忆可能被触发，而我们却不知道原因为何。我敢肯定，几乎所有读到这里的人都有过这样的经历：你正在某处散步，或是正在开车，或在做别的什么事情，“突然”你会想起很久都未曾想起的事情。在我们完全没有意识到的情况下，不知是什么唤起了那段记忆，可能是眼角一闪而过的东西，或者一股气味、一个声音或路上的颠簸。我们内心的记忆会不断被唤醒。

我举个例子来说明这种看似“随机”的记忆触发器。一天早晨，我在健身房一边锻炼一边听 iPod（苹果公司的一款音乐播放器）。我的 iPod 上有 24 000 多首歌曲，有时我会选择随机播放，这样我可能会听到好几年都没有听过的歌曲。那天早晨就是如此。我听到了我很喜欢的尼尔·扬的一首歌。实际上，我还把这首歌重放了一遍。后来，我又听了八九首歌，然后洗澡、换衣服，随后开车离开。等红灯的时候，我想到了几英里以外的一家健康食品商店，我和妻子以前经常去，但我有好一阵子没去了。我决定开车去一趟，其实我连店名都不记得了。当我把车开进停车场时，我看到了那家商店，店名是“丰收月亮”，恰好与我播了两次的那首歌同名！这是巧合吗？我并不这么认为。

这就是我们大脑的运作方式。不同的事物会与相关的所有记忆和感觉连在一起。当我们遇到某人并说“这个人身上有我喜欢的地方”时，这个人可能唤起了我们对某人或某事的美好记忆。如果某人让我们想起了过去的负面经历，我们就会不喜欢这个人。

在过去的几十年中，我们对思维方式和大脑运作方式的研究有了爆炸式的增长。现在，我们使用全新的方式，运用各种技术，这不仅能让我们以前所未有的方式观察活动中的大脑，而且还可以测试更多大脑。因此，我们得以更敏锐地理解人类的思维方式。我们看到的其实根本不合“逻辑”。

身为多元化研究、人力资源及管理方面的专业人士，我对这类研究很感兴趣，因为其可以解决很多实际问题。我们如何利用所知的有关大脑的知识来更好地了解人际关系以及组织，以便在更有意识的情况下做出决策？究竟是什么改变了我们的行为？有一个因素会促使我们无意识地采取行动，那就是我们有一种在真正了解自己当前的处境之前就往前冲的倾向。

我想以节食减肥为例，来说明某些行为并不总是经过深思熟虑的，因为它们尽人皆知，适用于很多人。多年来，我一直在努力控制自己的体重，而我有时胖，有时瘦，上下浮动达40磅①。即使在我比较胖的时候，我也确切知道该怎么做：少吃多动。除了少数人，这个方法很管用。可以说，直到我透过表面更深入地去分析，明白为什么我会吃那么多后（是为了缓解压力和疲劳），我才有机会坚持合理的减肥方法。

要解决问题，首先必须知道要解决的问题是什么。因此，让我们谈谈在日常生活中要处理的实际问题。

一直以来，我们都知道，人们眼中的世界是由其经历塑造的。举个最简单的例子，两个人看到了一条蛇，一个人说："哇，一条蛇啊！"另外一个人则立即说（或是觉得）："哦，天哪！我死定了！"蛇是同一条蛇，但是这两个人对它的反应显然大不相同。他们之前的阅历决定了他们看到蛇时的反应。

人们一生当中会有无数经历，接受大量的教导以及别人告诉我们的某些"真实"范例。这一切构成了一种意识形态结构，一种内在的"规则之书"，我们通过它来处理看到的世界。这

---

① 1磅≈0.45千克。——编者注

本规则之书可以在有意识以及无意识的情况下影响我们的行为，进而影响我们的经历。我们会建立一种特定的应对系统，在遇到事情时就利用这一系统对其加以理解并处理。

我们每个人都有各自的应对系统。假如我是一名音乐人，在摇滚乐队中演奏了30多年，而我的妻子是一位出色的水彩画家。我们一起听一首新歌的时候，她会想“真是一首好歌”，而我听的是乐器之间的相互配合或是声音是否和谐。再换个场景，我们在美术馆，她看到一幅画，就会描述画家采用的透视方法、颜色搭配和飞溅效果等，而我看了看则说“真是一幅好画”。

想一想你是否也有类似的经历。你有没有特别着迷的爱好或是特别喜欢做的事情？你有没有注意到，如果身边出现相关的事情，你会很容易发现它们？

下面让我来具体解释一下。请看一看下面的那张图片（如图2.1所示），它是由卡尔·达伦巴哈多年前设计的。卡尔·达伦巴哈是实验心理学的早期开拓者之一，曾担任《美国心理学杂志》编辑半个多世纪之久。你是否可以辨认出图上画的是什么？

也许你从图片中看到了什么东西，也许没有。现在，请翻到下一页，还是同一张图片，但更容易辨认了（如图2.2所示）。

你看到那头奶牛了吗？现在回过头再看一看第一张图片。现在是不是想看不到那头奶牛都很难？几分钟前还看不见的东西现在却无法排除在视线之外。

这种体验通常被称为“知觉组织”，即大脑围绕一个共同的统一思想组织信息的能力。一旦你知道奶牛确实在那里（通过观看第二张图片），你就无法不看到它！我们的大脑会围绕对我们来说重要或为我们所知的特定思想、概念或变量组织信息。

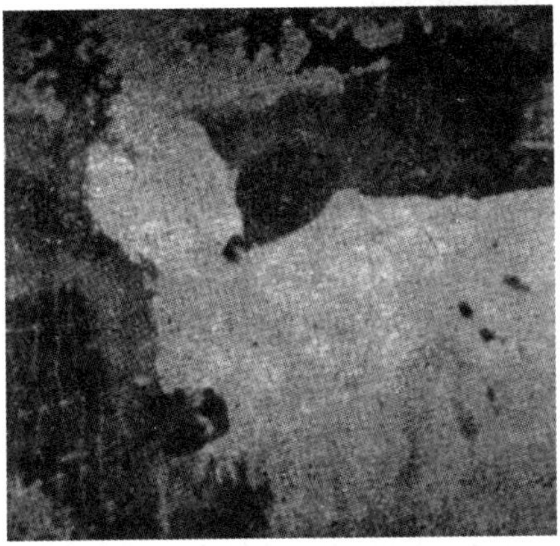

图2.1 你能看出图中画的是什么吗?

工作也是如此。我们的专业技能以类似的方式把我们的注意力集中起来。我记得几年前，我的大舅子来我们家，他在房屋粉刷方面颇有经验。我告诉他我们想重新粉刷一个房间，然后我问了他一个简单的问题。他的回答却牵扯出了更多问题，这些问题我从未想过。选什么样的油漆？用哪种滚筒？我回答："油漆滚筒！"接下来还有希望油漆多长时间干、刷几层等问题。知道要问什么问题通常会使我们精通一门学问。正是这种区别决定了我们会看到什么或错过什么，从而在根本上影响我们看待世界的方式。

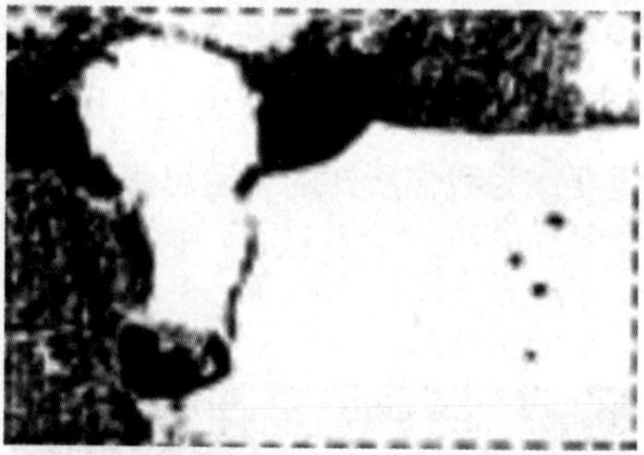

图2.2 图中是一头奶牛

对我们的生存越重要的事物，我们在遇到它们时就越会自动参考自己学过的东西，这是人的本能。我的朋友兼同事约翰·克鲁萨特在军队服役20年，其中大部分时间都在充满敌意的环境中度过。即使走在非常安全的街道上，他也会不由自主地察看屋顶，因为这是在作战时养成的习惯。虽然在目前的情况和环境中这么做没有任何意义，但他还是会这样做。

在审视这些影响我们经验和看法的事物时，什么是我们看不到的？

如果我们的工作能够如此轻易地影响我们的看法，那么伴随我们一生的那些最基本的身份，包括种族、性别、性取向、年龄等，又怎么会对我们没有影响呢？

能够快速地对我们遇到的人以及我们所处的环境做出判断，对我们的生存至关重要。这一能力已经成为我们大脑的基本运行方式。社会认同尤其重要，因为找到判断我们所处环境的线索不仅有助于我们成功，而且更重要的是，可以确保我们的安全。

然而，在现实生活中，我们以为自己看到的事情可能根本没有发生。我们的知觉、记忆和社会判断力都是由我们的潜意识构建的，构建的基础是我们根据自己的期望所解读的有限信息、我们看到的事情的背景，以及我们希望从中得到的东西。

那么，在观察某个人或某件事时，我们的大脑中究竟发生了什么？

通常，我们的第一个反应来自杏仁核，它是大脑进化时间最长的一个部分，从进化的角度来看，杏仁核最为古老。正常人脑中有两个杏仁核，都位于颞叶内。杏仁核是大脑边缘系统的关键部分，边缘系统是大脑中的一个复杂结构，可控制人体的各种重要功能，包括情感、长时记忆和行为。杏仁核在我们处理情绪反应时会起到主要作用，并且还会将这些情绪反应与记忆联系起来。

杏仁核对恐惧特别敏感，这是合乎逻辑的。我常常把杏仁核比作森林中的鹿。如果你曾在野外观察鹿，就会发现它一直在审视周围，对潜在的危险高度敏感，并随时准备做出反应。杏仁核的进化方式与此类似。正如我在前文所说，仅从生存的角度来看，杏仁核在发现快乐之前先发现危险是有道理的。如果你喜欢的东西正朝你奔来，你却没有注意到，那么它将成为惊喜。当然，前提是它不会造成重大伤害。但是，如果有危险正步步逼近而你却没有注意到，那么其可能会导致你死亡！这类东西会增强你的敏感度，难道不是吗？杏仁核会对我们所见、所听、所闻、所尝、所感的东西进行扫描，它对可能产生威胁的环境或人格外敏感。其中一些威胁对我们来说可能是显而易见的，但在绝大多数情况下，它们可能是有意识的大脑所无法感知的。

在任何一个瞬间，我们都会接触多达 1 100 万个感官触发点，但只能吸收约 40～50 个，而有意识注意到的更少，也许只有 7 个。鉴于我们在任何一个时刻都会接受如此多的刺激，那么我们怎么知道该针对哪些刺激做出回应呢？

当接收到这些信号时，杏仁核会把它们发送给海马体，这就好像去档案柜查看是否能找到你曾经放在某处的某个东西一样。海马体是大脑保存长时记忆的中心。记忆会指导我们做出反应，有时是有意识的，有时是无意识的，有时是积极的，有时是消极的。这会触发前扣带皮质的反应。我们快速自动做出的大量反应都由前扣带皮质负责。杏仁核和前扣带皮质反应是边缘系统正常工作的基础。它维系着我们的行走、交谈、呼吸及其他很多“自动”响应。如果每次遇到新的环境刺激时都得思考，那么我们几乎会陷入瘫痪。它就像一条湍急的自动化之河，有助于我们的大脑时刻保持运转。诺贝尔奖获得者丹尼尔·卡尼曼称之为“系统 1”。这一系统是本能的，反应非常快，常常受到内心和情绪反应的强烈驱动。

这种自动响应会迅速唤醒我们的大脑，以对杏仁核接收到的信号做出反应。这些近乎瞬时做出的反应通常源自过去的记忆，让我们能够在必要时快速反应。举个例子，有人朝你扔东西，你不会停下来思考应该怎么应对，因为停下来你就会被东西击中。与此相反，前扣带皮质会向我们的神经系统发送一条信息，让我们对潜在威胁做出反应，我们会举起双手保护自己，或者躲开扔来的东西。大多数人可能都记得小时候玩过的打手游戏：其中一人把手放在另一人的手下，然后尝试拍打另一人的手，或是假装这样做。还记得要想抑制自动反射，不把手躲开有多难吗？

我们对所见事物的反应还受到情境的强烈影响。我在这里举个例子。请读一下图 2.3 中的字符。

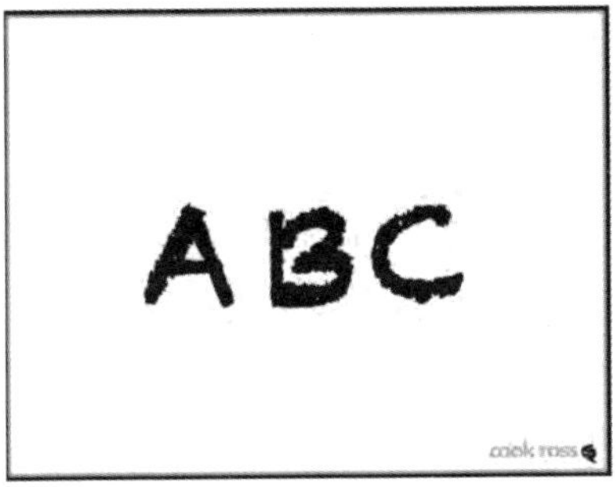

图2.3 图中间的是字母还是数字？

现在，再读一读图 2.4 中的字符。

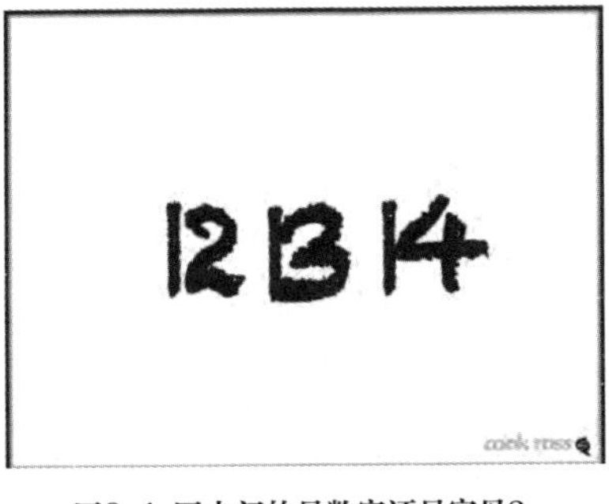

图2.4 图中间的是数字还是字母？

中间的字符是“B”还是“13”？上下文决定了它是字母还是数字。实际上，语境几乎决定了我们所看到的一切。

就偏见而言，我们通常会用我们针对“那类人”所形成的看法对待他们。在这一过程中，有一种反应对我们的偏见倾向特别重要，那就是我们自然倾向于将人们划分为“他们”和“我们”。多年来，这种趋势已被证明是导致人类产生最激烈的冲突的根源，无论是在基于身份（性别、种族、性取向等）的人际关系中，还是在国家内部（比如美国内战时的南方与北方、卢旺达的胡图人与图西人、北爱尔兰的天主教徒与新教徒），无论是按照政治（民主党与共和党）、体育（扬基队/红袜队或密歇根州/俄亥俄州）来划分，还是按照其他各种方式来划分。

我们很容易用我们与“他人”的关系来定义自己的身份，而我们对“异类”的敏感性是会变的，这取决于我们所处的环境。一位在大型律师事务所工作的非裔美国女律师，可能会在某一时刻将自己视为一名律师，比如当律师与行政人员之间出现矛盾时。不过，当白人男性律师与黑人女性行政助理之间发生纠纷时，她又会很快从自己的性别和种族出发做出回应。我们每个人都有多重身份，通过这些身份，我们会在不同的时间以不同的方式看待世界。

美国人权活动家阿莉森·罗宾逊

我几乎每天都会和偏见照面。根据周围人对我是变性人的不同认知，我被视为精神不稳定、道德败坏的人，或者就是一个“怪人”。这已经成为某些人看我的主要视角。大多数人依靠的都是负面的刻板印象、误解和错误的信息。性别焦虑症这一疾病困扰着大多数变性人，虽然成功的治疗手段已存在了一个世纪之久，但公众仍不甚了解。

因为这些偏见，美国变性人的失业率和贫困率高得惊人，其失业率是美国其他公民的两倍。但是，我们拥有学士学位的概率几乎是其他美国同胞的两倍。这意味着招聘经理正不加鉴别地淘汰高素质的变性候选人，而他们的企业为这种偏见付出了代价。

即使在那些没有恶意的人中，无意识偏见也会显现出来。当一个不知道我以前是男性的人不经意间用指代男性的代词形容我时，这个代词就打开了一扇窗户，让我们看到了他对我的真实想法。相反，如果我刚刚向某人透露自己是变性人，而他回应道：“如果你不告诉我，我永远都不会知道。”他可能觉得这是在恭维我。实际上，他们是在告诉我，在他们心中，像我这样的人无法达到女性或男性的标准。

一般来说，当我们处于非优势群体中时，我们会更加注意自己的身份以及对“异类”的感觉。例如，在美国，常有人把

2001年“9·11”事件的始作俑者称为“阿拉伯”或“伊斯兰”恐怖分子。然而，1995年俄克拉何马爆炸案的始作俑者蒂莫西·麦克维和特里·尼科尔斯，两名在美国出生的白人基督徒，却很少被称为“白人男性”或“基督教”恐怖分子，这一点很值得我们注意。

这种现象甚至会影响我们对自己身份的感知。根据我们所处的环境，群体认同可能会或多或少地呈现在我们面前。这里我讲一个自己的故事。

有一次，我和我的妻子兼商业伙伴莱斯莉受邀主持一个为期半天的研讨会，这次研讨会是一个穆斯林领袖组织年会的一部分，成员主要来自英国和美国。该组织的使命是“致力于促进社会融合和流动”。他们有近一百人，其中包括英国议会议员、半岛电视台的高管、伊玛目、学者和商业领袖，此外还有各行各业的代表人士。

受邀主持为期半天的有关无意识偏见的研讨会对我来说很常见。毕竟，这就是我的工作。在我的职业生涯中，我主持过数千次研讨会，但在这次研讨会即将来临时，我发现我内心的感觉有些不同。

让我感到烦恼的是，我无法抑制内心的忐忑，我不知道他们对我是犹太人会有何反应。

从出生那日起，我便注定是犹太人，从我开启职业生涯的那天起，我也一直是犹太人。我不记得过去主持研讨会之前是否有意识地思考过这件事，也许是当时的环境或情境改变了我的感知。最后我与研讨会的成员分享了我的经历，研讨会圆满结束。

正如前文所述，快速判断对方是“我们的人”还是“他们的人”是我们得以生存的基础。弄清楚“他们”是不是“我们的人”可以确保我们自身的安全。从逻辑上讲，我们可能会更友好地对待那些我们觉得没有威胁的人，而敌视那些我们觉得有威胁的人。但是，我们对划分为“我们”或“他们”阵营的人的解读可能很容易发生变化，因为我们每个人都有许多不同的身份。我是男性、犹太人、白人，或我属于某一代人，等等。我的同事丹·埃戈尔是混血儿，他是这样描述这种易变性的：

> 对混血儿来说，我们被别人视为“异类”的方式更为复杂。我们的外貌可能与我们自认的身份不符，别人眼中的我们可能也与我们自认的身份不符。根据情况的不同，我们可能没把别人当成“异类”，每个人也可能都是异类。举个例子，哥伦比亚高地是华盛顿特区一个以拉丁裔[1]和非裔美国人为主的街区。身处这个街区，别人眼中的我是一个白人，因为我皮肤白皙。不认识我的人根据我的外貌，可能会误以为我是白人，不过我喜欢去哥伦比亚高地，因为那里的西班牙语言和文化让我觉得很舒服。我对这个地区的感觉与那里的人将我视为外来者之间存在矛盾。“我们/他们”这一范式变得十分复杂，因为我的外貌特征切断了我与这个街区的文化关联。虽然我觉得自己与这个街区的大多数人类似，但我怀疑他们并不会这么看我。

不论身处什么环境，我们都倾向于区分“我们”和“他们”，这种看待世界的方式在我们的内心根深蒂固。实际上，研究人员发现，这种趋势在我们很小的时候就有了。

天普大学心理学家内哈·马哈詹和耶鲁大学心理学和认知科学教授、耶鲁大学婴儿认知实验室负责人卡伦·温，研究了这种区分“我们/他们”的现象与婴幼儿的关系。[2]马哈詹和卡伦·温选择了32个不到1岁的婴儿，让他们从3种食物中选择一种。这3种食物分别是麦圈、全麦饼干和青豆。研究人员记录了每个婴儿分别喜欢哪种零食。

然后，婴儿会看到两种由研究人员控制的玩偶，这些玩偶假装也要从上述3种食物中做出选择。最后，研究人员让婴儿选择其中一种玩偶。在32个婴儿中，有27个挑选了与自己选择同样食物的玩偶。即使在这么小的年纪，人们就已经能够识别出“我们的人”。实际上，卡伦·温在其他研究中发现，孩子也具有道德观，他们在5个月大的时候就能够识别出“对”和“错”。来自美国、英国以及中国的其他研究人员证明，婴儿在3个月大时就表现出了对同族人的偏爱！[3]卡伦·温及其团队又做了一次实验，这次的实验更引人注目。他们把婴儿选择以及没选的玩偶拿过来，假装它们受到了另一组玩偶的优待或冷遇。然后，他们让婴儿在第二组玩偶中做出选择。他们选择了善待他们第一次所选玩偶的那些玩偶，以及苛待他们第一次拒绝的玩偶的那些玩偶！

这些婴儿表现出了对“异类”的偏见，可他们还不到1岁！

这并不是说人们天生没有同情心。相反，人们能够与人共情，甚至可以感受到别人的痛苦或悲伤。在现实生活或影视剧中看到有人出了事故，大多数人立刻会有反应。我们可以感觉到身体的反应，可能会心里一颤，仿佛疼痛发生在自己身上。

当婴儿和父母相处时，也会发生类似的情况。婴儿会自然而然地模仿父母的行为，“映射”他们看到的行为。动物学家、奥地利诺贝尔奖得主康拉德·洛伦兹是生物行为学领域的创始人之一。洛伦兹对动物如何建立自己的身份，以及其出生时对父母产生的“印刻效应”特别感兴趣。洛伦兹做了很多著名实验，都证实了这一点。在最有名的一项实验中，洛伦兹在小鹅孵出之后便替代了它们的母亲，他发现这些小鹅自此以后便一直把他当作它们的母亲。

但是，如果与“我们的人”建立联系如此重要，那么我们如何与他人建立深厚的联系呢？20世纪80年代末，在意大利帕尔马发现的规律可能提供了答案。

帕尔马大学的神经生理学家贾科莫·里佐拉蒂、朱塞佩·迪佩莱格里诺、卢恰诺·法迪加、莱昂纳尔多·福加西以及维托里奥·加莱塞当时正观察一群猕猴，试图了解某些神经元是如何控制手和嘴的运动的。他们将食物放在离猕猴足够近的地方，以便它们能够拿到食物。电极会跟踪猕猴大脑的腹侧前运动皮质，这样科学家便可以观察到猕猴捡起食物后大脑的反应。但是，一点儿意外改变了实验的重点。

有位研究人员不经意间伸手从猕猴面前的碗中拿了一粒花生。突然，跟踪系统追踪到了来自神经元的信号。出人意料的是，该信号竟然与猕猴自己吃花生时的信号相同！研究人员称之为“镜像神经元”。后来，加州大学洛杉矶分校的马尔科·亚科博尼教授在人体内发现了镜像神经元。[4]

这项研究的结果在公开后的20年间一直存在争议，但很多人已经将其视为理解人类共情的大门。圣迭戈大学脑与认知中心主任V. S. 拉玛钱德朗是这项研究最有力的倡导者之一。他认为这一发现对我们理解共情具有重要意义。他称镜像神经元为“文明的基础”，因为它可以解释，为什么我们对他人的经历，特别是痛苦，会有如此深的感受，并在身体和情感上做出反应。他还指出，镜像神经元研究可以为我们理解人类的自我意识打开一个窗口。[5]

还有些人将这种能力归因于一种现象，这种现象源于勒内·笛卡尔等人的哲学辩论，被称为“心智理论”。心智理论是指理解他人信念、意图、欲望和知识的能力，以及理解他人拥有与我们相同或不同信念的能力。尽管共情和心智理论经常被交换使用，但它们是否完全一样还有待商榷，因为心智理论似乎更像是大脑颞叶和前额叶皮质的功能，而共情则更多地依赖于大脑的感觉运动皮质区以及边缘系统。尽管如此，两者都是指感知他人感觉、需求和情境的能力。大多数人似乎都具有一定的心智理论所指的能力，有趣的是，总体而言，女性在这方面似乎比男性更胜一筹。

不过，有时候我们可能会觉得自己与别人的经历相距甚远，甚至是那些与我们很亲近的人。我们大脑的共情能力似乎是有选择的，这取决于我们将当事人视为“他们”还是“我们”。

许晓婧、左向宇、王晓英和韩世辉是北京大学心理与认知科学学院的研究人员。他们发现，当受试者看到其他种族的面孔时，大脑前扣带皮质中的共情神经反应会显著下降。[6]

卡内基·梅隆大学社会与决策科学助理教授米娜·齐卡拉、麻省理工学院社会认知神经科学实验室的博士后研究人员艾米丽·布鲁诺，以及麻省理工学院认知神经科学副教授丽贝卡·萨克斯写道："这些相互关心和帮助的倾向构成了人类社会的基础。但是，如果涉及外来成员，人们可能会有强烈的动机不去关心或帮助他们。"他们进而指出："与内群体成员相比，外群体成员的痛苦引起的共情反应会减弱。"他们甚至表示，面对外群体成员的痛苦，人们可能会幸灾乐祸。[7]

为什么共情如此重要呢？大多数人都会对生活中的某个人表现出同理心。实际上，如果没有共情能力，我们很难在文明社会中共存。没有共情能力的人，即使不会对他人构成威胁，在社交方面的能力也存在不足。更重要的是，在这个日益多元化的世界中，当面对更难激发我们同情心的异类群体时，缺乏共情能力将不利于我们彼此建立联系。

你可能会问，为什么与他人建立联系如此重要呢？1943年，亚伯拉罕·马斯洛在《人类动机论》（A Theory of Human Motivation）一文中探讨了这个问题。[8]这篇论文现已成为具有历史意义的论述。马斯洛模型通常被称为"需求层次理论"。在这一模型中，人们努力追求的需求被分为5个层次，如果不满足当前的层次，我们很难甚至不可能到达下一个层次。

马斯洛模型一般用三角形或金字塔来表示，其中第一层也就是最底层表示我们的生理需求，比如呼吸、吃饭、喝水、睡眠、性生活等。第二层是安全需求，包括资源、人身安全、谋生方式、健康、住所等。第三层是归属感，即与社区、家庭、朋友和爱人的联系。第四层是尊重需求，即自信、自尊、尊重他人以及成就感。最后是金字塔的第五层，也就是最高层，是自我实现的需求。按照马斯洛的描述，第五层包括创造力、解决问题的能力、共情能力、道德感，以及其他“更高”的意识形式。

自 70 多年前被提出以来，马斯洛模型一直是心理学的基础。我猜大多数读者即使不了解细节，也听说过这个模型。然而，它也受到了一些争议。有很多人认为，马斯洛模型可能因文化的不同而不同，这取决于特定的社会规范和文化模因。其中就包括海尔特·霍夫斯泰德，他是荷兰马斯特里赫特大学组织人类学和国际管理学名誉教授，也是跨文化互动研究的先驱。还有些人对某些特征在模型中的归类持不同意见。

但是，最近的研究表明，尽管马斯洛模型做出了巨大贡献，但它可能漏掉了一个最基本的事实：我们的主要需求是“归属感”，关于这一点我在前文简要讨论过。

加州大学洛杉矶分校心理学副教授内奥米·艾森伯格、加州大学洛杉矶分校社会认知神经科学实验室主任马修·利伯曼和普渡大学心理学教授基普林·威廉姆斯，目前已经将这个问题纳入脑功能研究。通过研究参加社交活动后被排斥的测试对象的大脑成像，研究人员发现：社会排斥会触发大脑某一区域的活动，而这一区域恰好也与身体疼痛相关。[9]

研究人员对归属感进行的探索已经有很长时间了。威斯康星大学心理学家哈里·哈洛在20世纪50年代做了一系列关于恒河猴的研究。哈洛曾与马斯洛共事过一段时间。在研究中，哈洛使用两种替身“母亲”来观察小猴子的反应。一种替身母亲是用布做的，有纺织的皮毛，外观和感觉都很像恒河猴。另一种是用铁丝网做的，其可以用奶瓶喂养小猴子。哈洛发现，小猴子都喜欢和布做的猴妈妈在一起。他指出，亲密关系这一需求是首要的。

马萨诸塞大学波士顿分校的杰出心理学教授爱德华·特罗尼克在做“静止脸实验”时就证明了这一点。特罗尼克设置了一个情景，父母以正常的方式与婴儿互动，包括说话、笑和玩耍，整个过程会被录下来。研究人员要求父母在某段时间面无表情，不对婴儿做出任何回应。婴儿几乎立刻就有了反应。他们一开始看似很疑惑，然后竭尽全力想让父母有所回应，最后变得越来越沮丧。特罗尼克说：“静止脸实验真正引人注目的是，婴儿不会停止做出可以吸引父母注意力的举动。他们会经历反复的循环，努力引起父母注意，失败后转过脸，感到悲伤和被嫌弃，然后回过头来继续尝试。在持续足够长的时间后，你会看到婴儿不再控制自己的姿势，而是瘫坐在座椅上。”此外，婴儿还表现出了生理变化，比如压力诱导激素皮质醇升高、心跳加快。[10]

暂且不谈具体的内容，这项研究也是完全合乎情理的。想一想人类生存最脆弱的时刻——出生。新生儿与父母或保姆接触的时间比地球上大多数生物都长。我们不像斑马那样，出生后几分钟就可以跳起来走路。当你的儿女、孙子女来到这个世界时，如果没有人来照顾他们，维持他们最基本的生活需求，那么他们是完全无法生存的。

如果我们仔细观察，就会看到周围到处都有归属感至上的现象。父母为了孩子放弃自己的需求，士兵为了救战友而扑向手榴弹。而在纳粹德国以及其他地方，人们冒着巨大风险挽救无辜的生命。我们内心深处都有着利他主义的情怀。

当人们团结起来，将个人需求搁置一旁时，那种渴望可能会成为一种积极的力量。比如，成千上万的美国人 2010 年纷纷向海地地震救灾基金捐款，即使美国经济在那年疯狂衰退，已经触底。相反，当“好人”支持纳粹德国、卢旺达和其他地方的种族灭绝行为，或是拒绝阻止这种行为时，那种渴望就可能成为一种消极的力量。从表面上看，我们在本质上似乎是社会人。

当然，身为人类，我们确实能够有意识地做出决策，少依赖我们的本能，多思考。这些决策过程大多发生在我们的前额叶皮质。这可能是我们大脑“最新”的部分，至少从进化层面来看是这样。前额叶皮质与人类更高级的思考有关。例如，我们更深层次的推理能力、发明并使用语言的能力、感官知觉，以及有意识的思维都发生在前额叶皮质区域。卡尼曼将大脑这一区域的活动称为“系统 2”，即慢思考。

所有哺乳动物的前额叶皮质都具有一定的思考能力，但总的来说，人类的这种能力似乎远远超过任何其他哺乳动物。比如，人类的这种思考能力至少是黑猩猩的两倍。此外，前额叶皮质还赋予了我们元认知能力，即反思自己思考过程的能力。身为人类，我们能够做如下思考：“是什么让我产生了这样的思考?”对人类而言，这种思考十分普通，但在其他动物中却没有那么常见。

试想一下，被你关在门外的狗在看到一只松鼠时会问自己“该不该追这只松鼠”吗？大概不会吧？狗更可能即刻做出反应，进入本能的狩猎模式。当然，我们人类有时也会这样做，但相比其他哺乳动物，人类的思考过程更复杂。

有意识的思考需要耗费更多精力——更多血流量、更多葡萄糖等。这就是为什么沉思或努力思考，学习或解决问题如此累人的原因。想一想，你坐在图书馆舒适的椅子上，没有做什么体育锻炼，离开时却仍会感到疲惫不堪，就好像做了高强度的运动一样。

因此，我们有意识思考或“慢思考”的能力远远低于自动的“快思考”。后者的思考能力可能是前者的数十万倍。我们可以以海洋哺乳动物——鲸为例。鲸大部分时间生活在水下，但偶尔需要浮出水面，呼吸一下新鲜空气。此时，它可能会瞥一眼水面之上的世界，然后再次迅速沉入水下。同样，我们大多数思考也是自动的。

在进行这两种思考时大脑都会产生偏见和盲点，但我们“对自己行为的反思”几乎总是发生在前额叶皮质。当我们放慢脚步，开始真正观察自己时，前额叶皮质就会活跃起来。

因为根据以前的经验，我们会快速做出反应，这一点理解起来很容易。举个例子，如果你碰到炉子被烫伤了，那么下次靠近炉子时，你可能就会有所迟疑，格外小心。但是，新的研究似乎表明，我们的大脑更为主动。我们实际上会无意识地根据一次经历去推断大脑认为相似的另一次经历，无论原因如何。

哥伦比亚大学博士研究生埃利奥特·威默和心理学副教授达夫娜·舒赫米做了与学习、记忆和决策有关的认知神经科学研究。最近，他们进一步解释了大脑是如何建立这些联系的。

威默和舒赫米通过扫描大脑发现，控制这种反应的一个主要部分是海马体，海马体与杏仁核相连，我在前文提到过。很长时间以来，我们知道海马体有助于巩固短期记忆，使其变为长时记忆。但是，威默和舒赫米发现了可以解释人类很多反应的其他因素。[11]

在日常生活中，我们需要不断地在我们从未经历过的事物中做出选择。很多时候，我们甚至会毫不犹豫地做出决定。威默和舒赫米发现，海马体不仅有助于我们对已接触过的事物做出决定，而且还“可以使价值观在记忆中传播”。[12]

威默和舒赫米通过功能性扫描观察大脑活动。在实验中，他们为测试对象的某些行为提供金钱奖励。可以预测，这些奖励会激活测试对象的相关记忆。他们发现，海马体随后会将其与没有得到奖励但存储在记忆库中的其他行为或活动联系起来。在面临选择时，测试对象偏向于选择虽然没有得到奖励但海马体已经关联的东西。

为了更好地理解这种现象，我们来看一个日常生活中的例子。假设我走在街上，一个身穿黄色防风夹克的男子朝我走来。就在我们越走越近时，他突然给了我肚子一拳，并击打我的后脑勺。他抢走我的钱包，然后逃跑了。我从这次可怕的经历中恢复过来后，生活依旧继续。几个星期后，我正在开车，眼角瞥到街上有一个身穿黄色防风夹克的人，突然一种危险感向我袭来。我甚至可能没有注意到这个人，只是在余光中捕捉到了他的身影，但是危险与身穿黄色防风夹克的人之间的联系已然建立，记忆及其相关的情感就会发生转移。

我再举一个工作场合的类似例子。我出生于 1951 年，我成长的年代可以被称为“反斗小宝贝”（Leave It to Beaver）时代。我敢肯定，大多数美国读者都会记得 20 世纪 60 年代的情景喜剧，比如《老爸最知道》（*Father Knows Best*）《奥兹和哈里特的冒险》（*Ozzie and Harriet*），这些情景剧彼此相似。父亲早上出门上班，母亲待在家中带孩子、做家务。结束一天的工作后，父亲回到家，解决家庭问题。在那个时代，不管是有意识的还是无意识的，人们都不难将女性与家务联系起来。

现在，我们将场景移至一次现代的商务会议。几位男士聚在一起开会，后来一位女士走了进来。其中一位男士甚至想都没想就说：“嘿，玛格丽特，你知道咖啡放在哪儿了吗？”在所有人都没有注意到的情况下，玛格丽特已经变成了《反斗小宝贝》中的那位母亲琼·克利弗。

我们的大脑不断努力理解我们所看到的事物，并预测可能的结果。从生存的角度来看，这完全合情合理。我们对事物的预测越准确，就越有利于进行自我保护或取得成功。格拉斯哥大学神经科学与心理学研究所的心理学家拉斯·马克利称其为“皮质预测”。大脑接收信息、评估环境后，会借鉴已建立的联系预测可能的结果。马克利写道："我们一直在期待接下来会看到、听到或感觉到的东西。即使图像的一部分被遮挡住了，我们也仍能精确地预测整个物体的模样。"[13]

根据记忆的这种转移模式，Palm 公司和 Handspring 公司的创始人杰夫·霍金斯提出了"记忆—预测框架"。他认为，新皮质与海马体和丘脑相连，丘脑主要负责意识和警觉性，将正看到的东西与以前看到的东西匹配起来，以预测这对未来意味着什么。[14]

这一思考过程很容易得到证明，让我们将下面这些句子补充完整：

温斯顿__________。(Winston tastes__________.)

我希望我是__________。(I wish I were a(n)__________.)

只溶在口，________。(Melts in your mouth, ________.)

精心的照顾，_______。(You're in good hands _______.)

欢乐加倍，乐趣加倍，________。(Double your pleasure, double your fun with _______.)

犹如一个好邻居，___________。(Like a good neighbor ___________.)

如果你在美国长大，那么即使你不能全都填对（我猜你已经有很多年没有听过这些话了），也能填对大部分。这些句子要填出来其实很容易：

温斯顿尝了口汤，太咸了！（Winston tastes his soup and it is way too salty!）

我希望我是一只鹰，可以展翅翱翔。(I wish I were an

eagle so that I could soar high in the air.）

只溶在口，无须纸巾。（Melts in your mouth, so you don't need a napkin.）

精心的照顾，是你放松的前提。（You're in good hands, so you can relax now.）

欢乐加倍，乐趣加倍，只要在此住两周而非一周！（Double your pleasure, double your fun by staying two weeks at our resort instead of just one!）

犹如一个好邻居，约翰帮我扶起了被暴风吹倒的垃圾桶。（Like a good neighbor, John picked up my trash can when it got blown over by the storm.）

你是这么想的吗？我对此表示怀疑。你更可能写成下面这样：

温斯顿，正同烟的味道。（Winston tastes good like a cigarette should.）

我希望我是一根奥斯卡·梅尔香肠。（I wish I were an Oscar Mayer Wiener.）

只溶在口，不溶在手。（Melts in your mouth, not in your hands.）

精心的照顾，来自好事达。（You're in good hands with Allstate.）

欢乐加倍，乐趣加倍，（拍两下手）源自绿箭口香糖。（Double your pleasure, double your fun with (clap, clap) Doublemint gum.）

犹如一个好邻居，州立农业保险无处不在。（Like a good neighbor, State Farm is there.）

我们还可以从视觉上加以证明。请看图 2.5。

你看到那个白色方块了吗？它真的存在吗？还是你假设并希望它存在？

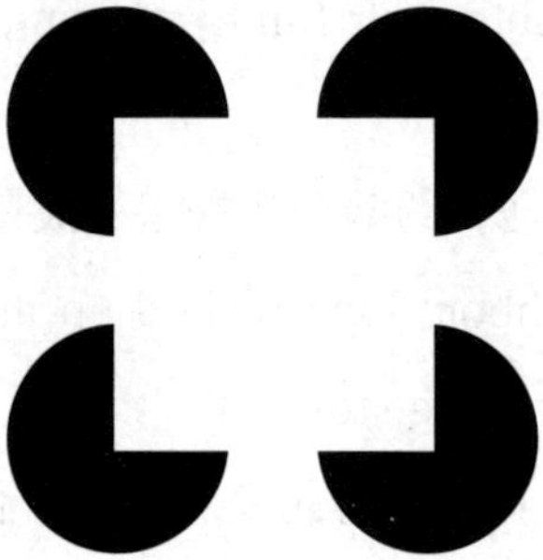

图2.5 图中是否有一个白色方块？

人们说话或做事的时候，会一直不停地“填空”。一旦他们看向我们或是开始交谈，我们就会自动填空。我们还会根据我们对“像他们那样的人”的期望来进行填空。

这就是刻板印象如此强大的原因。在我们进行理性思考之前，我们的大脑已经开始填补关于“那种人”的空白了。对起保护作用的大脑来说，这样做非常有用，可以让你做好应对危险的准备。比如，你看到一条蛇，会意识到蛇可能是有毒的。但是，如果不存在真正的危险，这样的“准备”就可能是致命的。在警察与没有武器的非裔美国人的冲突中，我们经常会发现这一问题。当然，我们理解某些人也是为了支持我们基本的认同感。不管有意识还是无意识，我们的大脑都希望世人再次肯定我们已经相信的真实。

举个例子，假设你是一个永远记得在生日当天给朋友打电话的人。那么，想象一下，如果你过生日那天，好朋友忘记给你打电话了，你会作何感想？他们是不是没那么爱你了？有时你是否也会忘记别人的生日？在这种情况下，别人忘打电话，你也不太会放在心上。

心理投射就是这方面的一个例子，这是西格蒙德·弗洛伊德首先提出的一种心理防御机制。作为学习应对不同情况并保持自我意识的一种方式，我们经常无意识地将我们相信的事实"投射"到别人身上，这些事实可能与别人有关，也可能与我们自己有关。例如，某人觉得有些人不喜欢"像他这样的人"，即使别人的初衷并非如此，他也会将他们的行为视为负面的，这种现象很常见。

从某种意义上说，这一切很合理。如果我基于听到的信息或是个人经历认为穆斯林不喜欢犹太人，那么我在与穆斯林接触之前就会将这一想法"投射"到他们身上。之后，我可能会通过解读一些非恶意行为（比如他们坐了我本来打算要坐的位置，或是吃午餐时不坐在我身旁）来搜集证据，以支持我的这一想法，并以此作为证据来证实我所认定的事实。此外，我可能还会因某种刺激而加强这种行为，比如更加警惕和多疑，甚至表现出敌对的情绪。

作为防御机制，心理投射是很有意义的。毕竟，"宁求稳妥，以免后悔"。显然，这种思维会使人与人之间的互动变得非常困难。这种行为有时是完全正常且健康的，但有时，特别是我们在情感上受到强烈威胁时，杏仁核会被“劫持”，导致我们采取破坏性的处理方式。

弗洛伊德认为，之所以会发生这种情况，原因在于心智的基本结构。根据弗洛伊德的理论模式，每个正常人的人格结构都由三个基本部分组成，即我们熟悉的本我、自我和超我。本我代表冲动和情感。本我与价值观和标准关系不大，但与需求联系紧密。它什么时候想要就要，并且现在就要！

超我是人格结构中最文明的部分，它通过我们习得的规则之书中的各种提醒来“控制”本我。“你应该对人友善”“你应该更加努力”“你这样做不对”“你太懒了！”所有这些训诫都是发自内心的声音，分别来自我们的父母、老师、宗教，或是其他在内心提醒我们好好表现的社会经验。

对大多数人来说，超我非常活跃。想想自己内心深处的想法，有多少在进行自我修正？“在会上说话要注意“这样做对吗？”“不要让他们知道你的这种情况！”

本我和超我之间常常发生冲突，自我必须以某种方式来处理这两个“声音”的冲突。当我们说“三心二意”时，指的就是这个意思。说到偏见，我们的超我也许知道应该公平地对待彼此，但本我就是更喜欢某些人，觉得和他们在一起更自在，更信任他们，或是感觉他们更有能力。

当然，弗洛伊德著名的冰山理论指出，露出水面的冰山一角代表意识，而潜在水下的大部分冰山代表自我的潜意识。但是，较新的研究表明，他高估了我们天生的意识能力。我们的意识可能更像是冰山一角上的一个雪球！当自我无法调节本我和超我时，可能会导致我们产生极大的焦虑，因此我们会寻找一种使其合理化的方法。我们一般会告诉自己这样做是合理的。（比如“不想让她当我的老板，并不是我对女性有偏见。我对女性担任领导职务并没有意见，只是她并不能胜任！”）

当我们将自己的想法投射到他人身上时，心理投射就发生了（比如，不信任他人的人可能会认为对方也不信任自己）。小偷可能会认为别人也有偷盗的能力。不诚实的人会认为别人在说谎。抑或，就多元化而言，人们可能会说：“不是我不喜欢他们，而是他们不喜欢我。”这种感觉让人更容易接受，可以使我们在保持感觉良好的同时，心安理得地划分“我们”与“他们”。举个例子，如果你受到的教育告诉你种族主义是不好的，但你的本我并不喜欢与你不同种族的人，那么你也许会把各种潜伏的动机投射到他们身上，以证明你的感受是对的。

当我们在心里进行自我批评时，也会出现同样的现象。举个例子，如果社会以各种方式宣告女人不像男人那样适合职场，那么在这种社会中长大的女性可能会在无意识中对共事的其他女性更为苛刻，还可能低估自己的能力从而削弱自己的成绩，即使在有意识的层面上，她希望自己获得成功。

当我们感到恐惧时，这些因素可能都会被触发，因为恐惧是一种原始情感。当恐惧来袭时，杏仁核会接管一切。在身体层面上，杏仁核会消耗大部分精力，有效减慢前额叶皮质的反应。我们大多数人都经历过这种极端情况，当你或其他人感到恐慌时，在这种情况下要做出深思熟虑的决定，尽管不是完全不可能，但确实很难。我们会不假思索地直接做出反应。

对大多数人来说，这种反应是通过我们的自动定式做出的，也就是我们逐渐形成的习惯行为，但我们并没有意识到这一点。根据我的经验，定式主要对三大方面有影响：投射特定的图像，比如无论我做什么都“看起来不错”；采取特定的意识形态或观点，比如“我是对的”；尽可能让我的身心都觉得更舒适。

我们无须仔细观察就可以在别人身上看到这些模式。从脑海中找出一个你认识的人，他很喜欢炫耀（形象），即使面对大量反证也顽固地坚持一种观点（意识形态），他试图让自己摆脱令人沮丧的境地，而不是勇敢面对它（舒适）。

当我们观察大脑和思维的运作方式时，我们很容易陷入有关存在的终极问题：我们有自由意志吗？我在这里并不打算回答这个问题，只想说一句，即使我们有自由意志，也很少使用。我所讨论的这些行为基本上都是无意识的。我们似乎比自己想象的更像机器人。正如我在上一章所说，我们越聪明，就越有可能在冲动时说服自己，我们是很“理性”的人。

所有人都会这样做。真正的问题是：我们能否对此做出任何改进。后文我会解答这个问题，但现在让我们先看看，在日常生活中偏见是如何发生的。

第三章

偏见滤镜

正常的清醒意识，即所谓的理性意识，只不过是意识的一个特殊类型。在理性意识的周围，还有完全不同的潜在意识，极薄的帷幔将它们与理性意识隔开。我们可能活了一生，却从未猜想过它们的存在。但是，只要给予必要的刺激，它们便会全面呈现……任何对宇宙整体的讨论，如果丢下这些意识，对其不予理睬，就绝不会有最后的定论。如何看待它们是一个问题……无论如何，它们不允许我们与现实过早划清界限。

美国哲学家、心理学家

威廉·詹姆斯

有一项研究，想必很多人都很熟悉。它可谓有史以来最著名的研究之一，向我们说明了我们对眼前事物的注意力有多么集中，或者说多么不集中——即使眼前有只大猩猩，我们都能忽略。

1999年，伊利诺伊大学厄巴纳－香槟分校贝克曼高级科技学院的心理学教授丹尼尔·西蒙斯，与联合学院心理学副教授兼神经科学主任克里斯托弗·查布里斯，首次做了此项实验。[1]受试者需要观看一段视频，其中有两组学生在传接篮球。一组穿白色衣服，另一组穿黑色衣服。受试者要数清楚穿白色衣服的队员传了几次球。但是，当两组队员来回穿梭时，一个打扮成大猩猩模样的人从中间走过，他转过身对着镜头捶了几下胸膛，然后走了出去。这项实验令人难以置信的一点是，大约有一半的受试者因十分专注地在计算传球次数，因而根本没有看到画面里出现过大猩猩！自1999年以来，世界各地的研究人员重复这项实验达数10次。结果为我们提供了一个经典案例，潜意识可以通过10种方法来过滤世界，这便是其中的第一种。我在本章将会逐一讨论这10种方法。

需要注意的是，潜意识会影响我们的世界观。潜意识影响我们的决定和塑造我们的世界观的特定方式有许多种。但是，它们又是相互关联的。我们可以将其视为窥探同一个大脑的不同窗口。在了解这10种模式时，不用费心去记住它们或是对其进行区分。相反，我的建议是，关注它们可能在你的生活中表现出来的各种方式。

选择性注意，有时亦称非注意盲视，是一种心理过程，是指我们有选择地看到某些东西，而忽略其他东西。这取决于我们的关注点，或者在特定时间碰巧需要关注的东西。人们都非常熟悉这种模式，即使从未听说过这个术语。也许因为你怀孕了，你突然发现到处都是孕妇。或者，你正考虑购买某个型号的车，就觉得自己在哪儿都能看到这款车或是与其相关的广告。我们的意识会向“心头”的事物敞开大门，会更容易发现它们，但同时也会错过其他东西，即使它们就在我们眼前，就像那只走过去的大猩猩一样。

选择性注意是有益的。在这个各种刺激不断来袭的世界，它在帮助我们维持正常注意力方面十分重要。几乎每一个从事专业工作或是拥有某种爱好的人，都会使用这一框架结构，以提高效率。与我相比，我的编辑更容易发现错别字或标点符号错误，因为她的大脑在编辑工作中得到了相应的“训练”。警察能够在成千上万的人中发现潜在的罪犯，因为他们的大脑能够意识到犯罪分子的细微行为特征。实际上，刻板印象可能有这样一种影响，我们会通过选择性注意来影响行为。例如，对黑人有负面刻板印象的警察，更有可能会“寻找”黑人身上的可疑行为，不管这种行为是否存在。

耶鲁大学儿童研究中心在2016年进行的一项研究[2]就证明了这种情况。首席研究员沃尔特·吉列姆和他的团队招募了135名幼儿教师，让他们观看4个孩子玩耍的简短视频，包括一个黑人男孩儿和一个黑人女孩儿、一个白人男孩儿和一个白人女孩儿。

研究人员告诉这些老师：

> 我们想了解老师如何能在课堂上发现挑战性行为。老师需要及时发现相关行为。你会观看一些学龄前儿童参加活动的视频片段。这些视频可能包含也可能不包含挑战性

行为。你的任务是，每当看到挑战性行为时，都按下键盘上的回车键。

这些老师并不知道他们面对的屏幕具有眼动追踪功能。研究人员可以看到，当听到需要他们寻找挑战性行为时，他们更有可能查看黑人孩子，而且还会发现一些挑战性行为，即使视频中根本不存在这样的行为！看到这些结果，黑人孩子被学校停课的可能性比白人孩子高 3.6 倍就不足为奇了。

我们寻找什么，就会看到什么；我们知道什么，就会寻找什么。

然而，非注意盲视也可能导致我们错过眼前的事物。当看到这样的事情在实验中发生时（大猩猩穿过画面的那种实验），我们会觉得很有趣。但是，如果非注意盲视发生在生死攸关的情境下，那么人们会有怎样的表现呢？

拉夫顿·德鲁是哈佛大学医学院一名研究注意力的专家，他将大猩猩的实验提升到了一个全新的水平。[3] 德鲁想要弄清楚，如果请那些在观察方面训练有素的高智商人群参与实验，是否还会出现非注意盲视？他制定了一套研究方案，将一小幅图片叠加到肺部 X 光片中，这张图片上有一个打扮成大猩猩模样的人在挥舞着拳头。图片大约有一个火柴盒那么大，大概是一个癌症结节的 48 倍！

人们认为或是希望，医生能很容易地发现叠加在 X 光片中的大猩猩图片。他们可是接受过严格的训练，知道如何详细查看片子的专家，尤其这与患者的性命攸关。令人震惊的是，事实并非如此。实际上，83% 的放射科医生在查看片子上有没有癌症结节时，都没有注意到大猩猩！[4] 问题不是他们看不到大猩猩，大猩猩的图片就在他们眼前，而是他们的大脑没有记录眼睛所见。他们的注意力集中在观察癌症结节这件事上，以至像大猩猩图片这样看似明显，与周围环境格格不入的东西，对他们来说基本上是隐形的！（如图 3.1 所示）

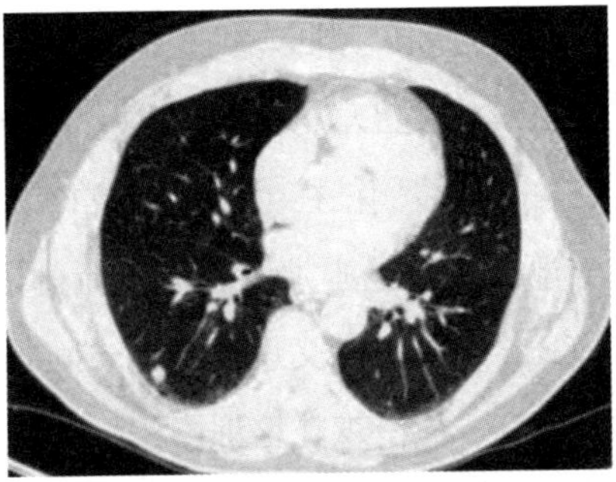

图3.1 肺部X光片中的大猩猩图片

选择性注意 / 非注意盲视还可以解释，为什么有些与多元化相关的行为对某些人来说可能是显而易见的，而对另外一些人来说却是完全看不见的。举个例子，如果你是一位女性，你可能会对某些影响女性在职场取得成功的微观行为十分敏感。比如，当你和一位男同事共同面试应聘者时，应聘者似乎在回答大部分问题时都是对那位男同事说的。参加商务会议时，你是否注意到，当女性提出意见或想法时，会上的大多数人通常都会将其忽略。但是，当一位男士随后发表同样的观点时（不知你是否注意到了），所有人都附和说，这个想法“特别好”。

与优势群体的人相比，非优势群体的人会更快、更清楚地掌握这些微妙的行为，这并非偶然。当我们属于优势群体时（在美国通常指白人、男性、基督徒和异性恋者），我们往往看不到这些行为，而且，我们也不需要注意这些行为，我们的文化与主流文化步调一致。但是，当我们处于非优势群体时，我们就必须注意这些细节才能生存。我们会学着在它们对我们造成负面影响之前发现它们。

有时，我们会因为某个原因发现我们之前没有看到的眼前事物。例如，当面对涉及性取向的问题时，LGBTQ 群体的选择性注意水平会很高。他们往往会十分注意该说什么，不该说什么。他们甚至觉得，自己必须调整某些行为以获得安全感。如果你不属于 LGBTQ 群体，又想了解这一问题，那么你可以尝试我的同事埃里克·彼得森在培训中用到的方法。转换一下思维，想象一下你所在的工作场合不接受异性恋。你会发现你以前想都不会想的事情现在却要注意了。你的办公桌上有男友/女友/丈夫/妻子的照片吗？你如何以不同方式回答某些问题？你会带谁去参加公司的节日派对？你会告诉别人你周末是怎么过的吗？即使只是假设，你也会发现各种各样的问题。虽然这些行为无处不在，但我们这些异性恋者通常意识不到，自己的某些行为在无意中孤立了 LGBTQ 群体或其他非优势群体。

1995 年，波士顿警官肯尼斯·康利因伪证罪和妨害司法罪被起诉，非注意盲视成为该案的一个焦点。康利声称，凌晨两点，自己在追赶翻越围墙的枪击案嫌疑人时，没有看到在他眼前发生的袭击案，他因此被判处三年的监禁。[5]

西蒙斯和查布里斯试图重建上述场景，以检验康利没有看到袭击的说法是否是可能的。实验中，研究人员要求一些学生在校园里沿着 400 米的跑道跑步。他们跑步时，后面 30 英尺（9.144 米）的地方会跟着一名学生。这名学生的任务是计算跑步过程中他所追踪的那个人摸头的次数。途中，另外三名学生上演了一场模拟打斗（包括大喊大叫），其中两名学生假装击打另一名学生。随后，研究人员查看有多少人看到了这场打斗。如果是在夜间，只有 35% 的人注意到了打斗行为；如果是在白天，有 40% 的人没有看到打斗行为。[6]

正如我列举的医学、学前教育和执法领域的例子，每天我们周围都会发生很多事情，我们只是选择性地注意到了其中的一些。我们听到了谁的想法，又错过了谁的想法？我们看到谁做了错事，而谁做了错事我们没有发现？有时因为老师的个人看法，有多少学生会受到不公平对待？选择性注意 / 非注意盲视遍布我们生活的方方面面。思考一下，你可能在生活中错过了什么？也许错过了一些非常重要的事情。

第二种模式是判断偏差，即根据我们最初的观点来标记人、想法或事物的倾向。很多研究表明，我们会很快对某人做出判断，而这会影响我们对待这些人的方式。试想一下，你见到某个人，对他做出假设，然后根据这一假设采取相应的行动。你做过多少次这样的假设？我敢打赌，你几乎每次遇到不认识的人都会这样做。当我们遇到不认识的人时，我们会对其打量一番，这往往是下意识的。我们之所以这样做，是因为我们“天生”就会这样做。我们对某人的即时“判断”肯定会影响我们与这个人的长期关系。因此，人们会说“人永远都没有第二次机会给别人留下美好的第一印象”。我们对某个人的认识往往会受到第一印象的影响。

在我的第一本书中[7]，我介绍过普林斯顿大学两位教授所做的一项研究。亚历山大·托多罗夫和查尔斯·巴柳请受试者看了 2006 年参议院和州长候选人的照片，时间不到一秒钟，然后让他们判断这些候选人的能力和可信度。根据这一秒钟的“第一印象”，受试者中大约有 70% 都选择了最终的获胜者。[8]

实际上，人们的这种依靠本能而非思考进行投票的倾向明显对 2016 年美国总统大选的结果产生了巨大影响。希拉里·克林顿树立的形象一清二楚，即“有史以来最合格的候选人”。我们反反复复地听到这一信息。唯一的问题是，无论你认为候选人是否合格，这与总统选举都没有多少关系。事实上，自 1950 年以来，不合格的候选人赢得选举的概率反而更大！无论我们应不应该这样做，我们都会根据个人感受投票。唐纳德·特朗普为了让足够多的美国人给他投票，在情感上与选民建立了联系。

思考一下，判断偏差有多少次给我们的生活造成了影响？我们会如何对待面试者或销售人员？仅靠外表进行判断，我们认为谁比较“专业”？根据这一印象，我们又会如何对待他们？不管你信不信，这种现象甚至会影响医学诊断。匹兹堡大学的肖恩·埃克指出，非裔美国人患者被诊断为精神分裂症的可能性几乎是白人患者的三倍，因为临床医生会在主观上认为非裔美国人不像白人那样诚实。[9]英国有研究表明，白人精神科医生对加勒比黑人的诊断结果也是如此，他们通常基于一种并不可靠的观念，即这些患者“离奇、令人讨厌、怪异、有攻击性、很危险”。[10]

哈罗德·凯利是社会心理学领域的一位先驱，也是归因理论的奠基人之一。归因理论旨在研究大脑是如何解释与我们经历的某些事物相关的行为和原因的。凯利给麻省理工学院经济学系的学生发了一份应聘教师的简介，并告诉他们，他们将要给这位老师评分。学生们不知道他们拿到的是两份不同的简历。一半学生拿到的简历将这位老师描述为“一个非常热情的人”，而另一半学生拿到的简历则暗示这位老师是“一个非常冷酷的人”。上完一节课后，学生们对老师进行了评估。研究人员使用了不同的老师，但结果却是一致的。那些看到简历上说老师“非常热情”的学生对老师的评价始终是正面的，他们认为老师“体贴、平易近人、善于交际、颇受欢迎、和蔼可亲、幽默仁慈”。那些看到简历上说老师“非常冷酷”的学生则表示，这些老师“以自我为中心、心胸狭隘、缺乏幽默感、过于一板一眼、易怒、无情、不善交际”。此外，52% 拿到“热情”简历的学生参与了课堂讨论，而只有 32% 拿到“冷酷”简历的学生参与了讨论。[11]学生似乎仅仅根据他们看到的信息就对老师做出了快速判断，并基于这一判断来看待他们。

最近的一项研究揭示了判断偏差带来的一些严重后果。

罗彻斯特大学医学中心的健康服务研究员罗伯特·福图纳研究了2 298名患者的信息，这些患者来自美国各地，年龄在21岁或以下，曾因胃痛、腹部绞痛或痉挛去急诊室就诊。这项研究的发现确实令人不安。医生给年轻黑人使用止痛药的比例比白人低39%，而注射麻醉药的比例低62%。此外，黑人和西班牙裔青年在急诊室停留6个小时以上的可能性比白人高60% ~ 70%。多年来，我们一直清楚成年人中存在这种医疗差异，但这是第一次揭示，在青少年中也存在这种现象。[12]

你听别人说过多少次，他们相信自己的直觉，相信自己的第一印象？你听别人说过多少次，他们会根据随机因素，比如握手太轻或是没有眼神交流，而决定不聘用某人？这些决定可靠吗？上述研究似乎表明，它们根本不可靠。

此外，我们的很多决策是根据模式识别做出的。模式识别是指根据先前的经验或习惯对信息进行分类和识别。这是一种基本的心理保护机制。如果我们发现一个人身上的某种东西过去曾对我们构成威胁（或是我们认为会对我们构成威胁），那么我们不会浪费时间判断这次这种东西是否会威胁到自己。我们会立即做出回应，就像小时候被火炉烫过长大就会自动远离火炉一样。

模式识别会影响我们对各种事物的反应，也会影响我们的感官。我最喜欢的一个感知体验的例子是由麻省理工学院视觉科学教授爱德华·阿德尔森设计的棋盘实验。[13]请看这张图片，哪个方格更暗，A还是B（如图3.2所示）？

图3.2 图中哪个方格更暗，A还是B？

如果你像大多数人一样（我自己也属于此列），那么你会觉得 A 方格显然更暗。但是，现在再看一下同一张图片，不过这次多加了一个灰色条，以便我们比较两种方格的颜色（如图 3.3 所示）。

图3.3 现在，A和B两个方格哪个更暗？

现在，我们看到这两个方格的颜色其实是相同的。圆柱的阴影效果欺骗了我们的大脑，但最大的影响因素在于，大多数人都看过棋盘，对其中的黑白图案非常熟悉，因此我们在心理上认定这个棋盘也是如此。令人难以置信的是，当我们回头再看第一张图片时，即使已经知道两个方格颜色相同，但看起来还是觉得它们颜色不同！

一般来说，我们希望看到的事物与之前看过的其他事物相同。这样，我们的大脑在进行信息处理时会感到更安全、更可靠。刻板印象属于一种比较强烈的模式识别方式。当我们看到有人朝我们走来时，如果可以将他与以前见过的具有相似身体特征的其他人联系起来，我们就会感到更加安全。当我们想知道如何对待某人，如何与之打交道时，“这样的人______”便是我们的自然反应。然而，这种思考充满了潜在的挑战。正如我在前文提到的，如果我们认为某种模式是正确的（比如，警察认为某些人更有可能是犯罪分子），那么结果可能会是悲剧性的。你的潜意识产生的对人进行判断的模式是怎样的？根据先前的经验，你认为哪些事情是正确的？

下面让我们来看一下第四种模式。2007 年 4 月 8 日，《华盛顿邮报》刊登了吉恩·温加滕撰写的一篇有趣的故事。请看节选：

> 1 月 12 日，星期五，清晨 7 点 51 分，正值早高峰。一位小提琴家在接下来的 43 分钟里演奏了 6 首经典曲目，共有 1 097 个人路过他。看上去，几乎所有人都在上班的路上，这说明他们中的大多数人都在为政府工作。朗方广场地铁站位于华盛顿联邦政府的核心地带，这些路过的人大多是中层官僚，有着各种各样的头衔，比如政策分析师、

项目经理、预算官员、专家、协调人、顾问等等。

每个路人都要快速做出选择。偶尔出现的街头艺人已经成为市区的一道风景，通勤者对于这一选择已经十分熟悉：是停下脚步聆听一番，还是带着罪恶感和烦恼匆匆走过？你意识到了自己的贪婪，但也因他们向你索要的时间和金钱而感到烦恼。礼貌性地投一点儿钱？如果演奏得不好，你是否会改变主意？如果他演奏得很好呢？你有时间欣赏这美妙的音乐吗？你难道不应该这么做吗？在这一瞬间，你的道德算盘是如何打的呢？

1 月的那个星期五，这些私人问题以不寻常的公开方式得到了回答。没有人知道这个站在地铁站扶梯上方拱廊墙边拉小提琴的人是世界上最优秀的古典音乐家之一，他演奏的是有史以来最优美的乐曲之一，使用的是世界上最昂贵的小提琴之一。[14]

这位音乐家就是乔舒亚·贝尔，世界上最伟大的小提琴演奏家之一。这是本章讨论的第四种模式“价值归因”的完美案例。价值归因是根据最初的感知赋予某人或某物一定品质的倾向。贝尔当时戴着棒球帽，身穿一件长袖 T 恤。他打开小提琴的盒子，拿出价值 350 万美元的小提琴，然后像成千上万的街头艺人一样，往盒子里扔了几美元，以此引导路人给他投钱。贝尔演奏了将近 45 分钟，几乎没有人驻足聆听。是因为他们不喜欢音乐吗？不见得。世界各地的人要花 100 美元才能买到贝尔演奏会的门票。他们只是没有给这位“街头音乐家”赋予太多的价值。

记得我有一个客户的公司也发生过类似的事情。这是一家食品经销公司。有一天，这家公司最重要的一位供应商来参观仓库。这位供应商是农业领域的千万富翁，但他的穿着并不像人们期望的那样。实际上，他穿得更像一位农夫——牛仔裤、法兰绒衬衫，还留着长发和胡须。要不是有人及时认出了他，仓库工人差点儿就把他赶出去了。

我们见到某人时会立刻给他赋值，这是我们的本性，我们甚至都没有意识到自己在这样做。某些人比其他人更“安全”吗？这些人看起来更“聪明”或是更“专业”吗？这些语言或方言听起来比其他语言更“清晰”吗？他们的口音、身高和穿着如何？研究表明，我们会给所有这些因素以及其他更多东西赋予价值。我们为何会这样做？

第五种模式我们通常将其称为“确认偏见”，即人们倾向于搜集信息或做出反应，以确认自己已经建立的信念或想法。你如果对这种模式有任何疑问，就可以收看晚间新闻，看看“权威人士”是如何评价时事政治的。这几乎总是可以预测的。什么事情发生了，然后确认偏见就开始了。针对某一事件，自由派的解释证明了他们的观点，而保守派的解释也证明了他们的观点。他们都有所选择地挑选信息以确认各自的观点。最后，每个人都回到了原点。在美国当前的文化中，不同的新闻来源可能存在不同的政治偏见，只看某个来源的新闻无异于一种自我洗脑。

我们称之为“思维”，对吗？

我不是故意拿政治评论家说事儿，事实上，我们所有人都一样。我们都很想证明自己是对的。为了证明我们相信的事情是对的，我们经常无意识地寻找相关信息，同时在不知不觉中无视反面证据。问问你认识的人怎么看待《患者保护与平价医疗法案》(通常称为“奥巴马医改”)。看看他们中有多少人甚至还没有完全理解这项法案，开口就说“我觉得很好”或“我觉得不好”。也就是说，他们假设自己确实很了解这项法案。

确认偏见会导致确认行为，我们以某种方式对待别人，使他们的表现与我们的期望一致。研究表明，认为孩子是好学生的老师与认为孩子是差学生的老师，他们对待孩子的方式截然不同。老板和员工之间亦是如此。

1979 年上映的电影《富贵逼人来》就是这一模式的最佳例证。这部电影改编自耶日·科辛斯基的中篇小说。彼得·塞勒斯在电影中扮演男主角钱斯，一个头脑简单的园丁。他住在华盛顿特区一个富有老人的家中，他的全部知识似乎都来源于电视。老人去世后，他被迫离开了那里。

一天，一辆专门接送某位富豪妻子的豪华轿车不小心在街上撞了钱斯，当时他正穿着老雇主笔挺的衣服。那位富豪的妻子请他喝了一杯酒。当她问及他的姓名时，他回答道:“园丁钱斯”。不过，她错听成了“昌西·加德纳”。由于他的着装、口音和外表，所有人都认为他是上流社会一位受过良好教育的顾问，或是从事着类似的工作。他纯朴的话语被视为哲思，他有关园艺的简单评论被视为关于世况的寓言。

不久，“昌西”开始为美国总统提供咨询服务，总统恰好是那位富豪的朋友。钱斯声名鹊起，开始出现在电视脱口秀节目中。民意测验显示，公众喜欢他的“简单智慧”。在电影的倒数第二个高潮片段中，那位富豪去世了，其他商人一起讨论现任总统任期届满后应该由谁继任，所有人都觉得昌西·加德纳是最佳人选。

当然，这种事情在商界每天都会发生。有些人被认定“很有潜力”，随后得到机会证明自己。有些人则被视为是有问题的，他们没有得到具有挑战性的任务来证明自己的实力。但是，对做决定的那个人来说，他的决定是“合乎逻辑”或“理性的”。

然而，我们每个人都会做这种事，每天都会。出于不同的原因，我们以不同的方式对待不同的人，或是正面的，或是负面的。对我们来说，这就像呼吸一样自然。

在介绍第六种模式之前，我希望你和我一起快速做一点儿练习。你要做的就是看完要求后尽快作答。准备好了吗?

1. 以最快的速度读五遍“silk”(丝绸)。

2. 大声说四遍“silk”的拼写。

3. 再以最快的速度读六遍“silk”。

4. 大声说五遍“silk”的拼写。

5. 再读七遍“silk”。

现在，请快速回答奶牛喝什么?

如果你是以最快的速度做的练习，那么像大多数人(大约75%)一样，当我问“奶牛喝什么?”这个问题时，你首先想到的可能是“milk”（牛奶）。

我们都知道奶牛不喝牛奶，它们喝的是水。但是由于“milk”与“silk”的听觉联想，大脑一时变得有些糊涂。“silk”一词的重复让大脑为“milk”一词做好了准备。这就是启动效应的一个简单例子。

启动效应是指，根据以往经验或联想所产生的期望而做出反应的内隐趋势。有时候，启动效应十分明显。小时候，我喜欢在电视上看高尔夫球比赛。我会坐下来观看比赛，比赛结束后，我总会在后院玩高尔夫球。如今，每次去听现场音乐会，我都会做同样的事情。回家后，无论多晚，我都迫不及待地拿起吉他弹几首歌。还有些时候，我们并不知道触发启动效应的原因是什么，正如雨天医学院面试的那项研究所证明的那样。

启动效应很好理解，并且与前文的选择性注意紧密相关。既然我的大脑在某个特定时间可以专注于很多事物，那么如果我刚刚沉浸于高尔夫球比赛或音乐，注意力为什么不会相应地调整成与其适应的模式呢？

启动效应也可能以不太愉快的方式发生。想象一下，一个刚看完飞机失事新闻的人就要前往机场，他是不是或多或少都会感到紧张？答案是显然的。不是吗？不管是在内心深处还是在现实中，我们一直在受到启动效应的刺激。

研究人员发现，很多事情都会引发启动效应。法国南布列塔尼大学的尼古拉斯·盖冈研究了数10种方法，表明人们的衣服颜色或香水、轻微的触摸或是其他细微因素都会影响他们约会、付小费以及搭便车的习惯或是其他行为。

我们甚至会因启动效应而看到根本没有出现的东西。很多人应该都很熟悉下面这个实验，在这个实验中，受试者会看到以下单词：

沉睡（slumber）

梦（dream）

床（bed）

安静（quiet）

打盹（nap）

枕头（pillow）

夜晚（night）

毛毯（blanket）

睡衣（pajamas）

小睡（snooze）

现在，把这张表拿走，从中选择一个单词，然后添上“厨房”（kitchen）和“睡觉”（sleep）两个词，再给受试者看，问他们还记不记得哪个单词在原来那张表上。绝大部分人会“记得”表上有“睡觉”一词，虽然它根本就没有出现！所有这些单词都让大脑联想到了一件事，那就是“睡觉”。

事实上，启动效应与我们大多数的心理滤镜紧密相关，因为我们的大脑会让我们看到某些事物而遗漏其他事物。我们会珍视某些事物，将某些行为归于某些人。实际上，也许有人会说，我们所做的几乎所有事情都源于我们的生活经历。问题是，我们往往不知道启动效应的诱因或其作用方式。

下一个需要注意的模式可称为“承诺确认”或“损失规避”。即使是明显错误的想法，我们的大脑也可能非常坚持，特别是当这种想法能为我们挽回面子，让我们看起来是正确的，或是让我们脸上增光时。与政治相关的场合经常会发生这种情况。例如，如果你不给唐纳德·特朗普投票，那么你很可能会寻找不同意他的理由或指出他的缺点。如果你给他投票，那么你可能会认同他的行为或用符合你个人价值观的方式加以解释，证明你的投票是合理的。不管哪种情况，你都很难考虑另一种情况，承诺确认在这两种情况下都起到了作用。

这可能会导致“自信偏见”或“自发推理”。下面举一个自信偏见的例子。内布拉斯加大学的一项研究[15]显示，94%的教授认为，与同事相比，自己的能力“高于平均水平”。你注意到这个数字有什么不对劲的地方了吗？很明显，这种针对自我的错觉相当普遍。类似的研究表明，大多数学生都认为自己的学业表现高于平均水平，购物者通常认为自己捡到了便宜，但其实他根本没有省下一分钱。研究发现，医生认为自己可以做出正确诊断，但他们想象中的结果却与实际结果相差4倍。公共卫生人员认为自己知道如何处理紧急情况，但他们以为的数值却与实际情况相差3倍。医学院的学生认为，与老师或患者相比，自己更擅长沟通。这样的例子不胜枚举。我们基本上都会无意识地以积极的眼光看待自己。

这种无意识倾向会导致“承诺确认”和“损失规避”。我们都不想输，都想把自己看作赢家。因此，我们的大脑通常会重建记忆，让我们更多地记住自己好的一面而非坏的一面。当然，也有例外。有些人过于自卑，超我极为严苛，他们会从各个方面严格地评判自己。不过，即使在这种情况下，人们也有可能欺骗自己。这种特征在崇尚个人主义的文化中尤其常见，比如美国的主流文化。

想一想在企业和其他组织内是否也有这种现象。你是不是经常看到某人拒绝承认自己雇错了人或是制定了错误的策略？我们的大脑会想方设法证明这些决定是合理的，而不是接受自己的错误。想一想这种“过度自信”的代价。这种想法有没有让我们失去所爱的人？这种想法是否延长了伊拉克战争的时间，因为美军低估了获胜要付出的代价？有多少首席执行官或董事在收购陷入困境的公司时花了过多的钱，因为他们坚信，虽然别人做不到，但自己可以扭转局面？

这种想法甚至影响了我们正视自己偏见的意愿。我们想把自己视为公正的人，尤其是那种致力于公正对待所有人的人。承诺越强，我们就越有可能对现实视而不见。当收到反馈，说我们可能有偏见时，我们的反应是什么？“我？不可能！”然后，我们会证明自己为什么有那种想法或是做出了那个决定。“这完全是因为他们……，而不是因为我有偏见！”当然，这往往像是否认，并且在某种程度上说确实是这样。但是，有自信偏见的人就是认为自己是对的。

当我们觉得自己受到了不公正的对待时，也可能发生同样的事情。例如，不公正的对待可能会使我们怀疑自己是不是歧视受害者。如果你认为自己是种族主义、性别歧视、恐同症、异性恋主义、反犹太主义或其他偏见的受害者，那么在某一刻，你可能会认同这种想法。你的身份是建立在一定基础上的，包括你相信事实就是如此，并且建立了与该信念相关的所有保护机制。承认事实与我们认为的不同可能会威胁到自我结构。我们的大脑会不自觉地问："如果我不是那样的，那我是什么样的？我又是谁？"

我们都在别人身上看到了这种行为，我们最好也问问自己是否有这种倾向。

我所讨论的大多数模式都属于外部模式，但第八种模式格外隐蔽，因为它关注的是内心，不过通常来讲我们察觉不到。"刻板印象威胁"或"内化偏见"是指，一个人因为有可能确认所属社交群体的负面刻板印象而产生的焦虑或担心。这通常被称为"内化压迫"，关于这一结论最有力的证据也许来自肯尼斯·克拉克博士和玛米·克拉克博士的研究结果。他们所做的经典实验显示，黑人孩子更喜欢玩白人娃娃。众所周知，这项重要实验影响了 1954 年美国最高法院对布朗状告教育局种族隔离一案的裁决结果。具有讽刺意味的是，人们在很大程度上把这个发现归功于肯尼斯·克拉克博士，但实际上，他的妻子玛米·克拉克博士才是这项研究的首席研究员。换句话说，人们在讨论这个历史上最著名的种族关系研究时，性别歧视也体现出来了。你看，这种情况随处可见！

在较近的研究中，克劳德·斯蒂尔发现，在参加 SAT（美国学业能力倾向测验）考试之前，只要让非裔美国学生回答一个问题就会大大降低他们的分数。这个问题是："你是什么种族的?”对许多非裔美国学生来说，别人提醒他们自己的种族似乎会内化他们的消极表现偏见。

当第一次看到这种偏见，特别是结合我们刚刚讲过的自信偏见时，我们会觉得这种偏见毫无逻辑可言。我们为什么要接受别人对自己的负面刻板印象呢？而且，如果真的选择要对哪些事做出回应，我们是不会接受这些负面想法的。但是，当然了，我们是下意识地接受这些思想的，而非有意识地对其加以选择。

非优势群体的任何成员与优势群体的成员一样，都可能需要面对关于他们群体的负面刻板印象以及社交信息。非优势群体会在电视或报纸上看到相同的图像，也会在家里、礼拜场所或学校听到相同的玩笑或是相同的评论。同样的数据变着法儿袭来，除非他们具备抵挡这些信息的非凡能力，否则这些信息将会成为他们世界观的一部分。

2007—2008 年，我受邀担任贝内特女子学院的多元化教授，那段经历对我来说非比寻常。贝内特女子学院位于北卡罗来纳州的格林斯伯勒，是一所历史悠久的黑人大学。我的学生都是年轻的黑人女性。作为课程作业的一部分，我让学生做了内隐关联测试。这项测试由华盛顿大学心理学家安东尼·格林沃尔德、哈佛大学心理学家马扎林·贝纳基和弗吉尼亚大学心理学家布莱恩·诺塞克设计。作为一项基于计算机的测试，内隐关联测试旨在测试人们对特定群体所做的无意识关联是正面的还是负面的。我的学生们做了几种测试，但所有人都参加了有关白人与黑人的测试，结果十分令人震惊。60% 的学生对白人的感觉要比黑人好。这种结果并不令人惊讶。这些学生所处的文化赋予了白人更多积极信息，他们只是在不知不觉中吸收了自己的所见所闻。

这种内化偏见尤其会严重影响女性的表现。想一想，相对于男性，职场对女性所持的外部偏见对女性有何影响？越来越多的组织开始允许家长采取弹性工作制。实际上，这些制度大多是为全职妈妈设计的。但是，在可以享受这种制度的少数女性中，只有很少一部分人真的会享受这种制度。为什么会这样呢？也许我的一位客户的评论给出了一定的解释：

> 我知道我可以享受弹性工作制，但我却犹豫不决。直到我参加了能够衡量人们对职场男女态度的内隐关联测试，我才意识到是什么原因让我这么犹豫。测试结果令我十分惊讶，我竟然对职场女性保持着强烈的消极态度，这对我来说太说不通了！我毕业于耶鲁大学，是一名优秀的律师。但是，我的潜意识似乎仍然认为我不属于这里！我越想越觉得，我不愿享受弹性工作制，可能是因为受到了这种无意识偏见的影响。我担心，如果我享受弹性工作制，别人会像我一样看待我自己！

这种自欺欺人的想法很可悲，而且还可能导致悲剧的发生。当社会因为性取向而诋毁年轻的同性恋者时，他们就会内化这种负面信息。这也许解释了为什么同性恋青少年的自杀率是异性恋青少年的 4 倍。

第九种模式是锚定偏见，有时也被称为“聚焦效应”，指的是人们在做决策时过于依赖某个特征或某条信息的普遍倾向。众所周知，这种偏见是诺贝尔奖获得者丹尼尔·卡尼曼及其研究搭档阿莫斯·特沃斯基提出的。最初的“锚”通常决定了我们接下来会如何看待某人或某物。例如，你是否会毫无疑问、不假思索地认为来自精英学校的人比其他人更有资格参与某事？抑或某种性格的人“更专业”？

过去几年，研究人员对这种偏见十分感兴趣。他们在研究中有了不少非常有趣的发现，尤其是在商业经济学领域。举个例子，我做过下面这样一个实验，你可能也想尝试一下。我向观众展示了一张美丽的度假胜地的照片。一半观众闭上眼睛，另一半观众看到照片上的配套设施，以及正常的房间价格是每晚 4 995 美元。然后，两组进行交换，开始闭眼的那半观众看同一张照片，但这次房间价格标的是每晚 49.95 美元。最后，我请他们每个人写下他们愿意付多少钱住一晚。毫无疑问，前者愿意支付的金额要高于后者。最初看到的价格设定了一个标准，这为人们愿意付多少钱打下了基础。

卡尼曼和特沃斯基 1974 年做了一项类似的著名实验，他们让受试者猜测非洲国家在联合国所占席位的百分比。[16] 不过，在受试者回答之前，研究人员会先旋转一个罗盘，该罗盘经过了精心设计，最终只会停在 10 或 65 这两个区域。然后，他们让受试者猜百分比是高于还是低于罗盘上的数字，最后再告诉他们实际的百分比。

他们的发现很有意思。平均而言，如果罗盘落在10这个区域，受试者猜测的大约是25%；如果罗盘落在65这个区域，受试者猜测的则是45%！

说到多元化，锚定效应是如何显现的呢？我们一直在用“锚定”来引导我们的决策，我们既没有意识到我们在这样做，也没有表示过质疑。我们是不是经常根据着装、口音、口齿是否清晰，甚至握手力量等第一印象来衡量别人？当然，这些特征都会受到种族、文化、国籍或性别的影响。但是，我们并没有注意到其中夹杂了自己的主观性，因为这些特征的重要性已经“固定在”我们的脑海中。

美国西北大学凯洛格商学院的研究人员梅根·巴斯、阿耶莱特·伊斯雷尔和弗洛里安·策特尔迈尔与一家在线汽车维修服务公司合作，共同研究为什么不同客户在给汽车维修店打电话时会得到不同报价。[17] 研究人员给4 603家汽车维修店致电，询问给2003年产的丰田凯美瑞更换散热器要多少钱。他们考虑了三种情况：第一种是客户知道更换散热器的标准价格，第二种是客户不知道要花多少钱，第三种是客户心里有一个很高的预设价格。结果显示，第三种人，即其认定的价格高于市场价格的人，收到了更高的报价。另外两种人收到的报价是市场价，除非客户是女性。

研究人员发现，在不知道具体费用的前提下，女性得到的报价比男性高。研究人员在按性别细分研究结果时发现，如果女性表示自己不知道更换散热器的成本，那么情况会更糟。为什么会有这种差异？维修店不喜欢女性吗，还是试图欺骗女性？

此外，研究人员得出了另外一个结论。他们认为，当汽车维修人员（绝大部分都是男性）听到客户是女性时，他们有一种思维定式，即她们不懂汽车。

我们每个人都有许多锚定启发法或是基于经验的方法可用于决策。你有哪些呢？

民权律师、全球媒体评论员、
TheMuslimGuy.com 创始人阿尔萨兰·伊夫蒂哈尔

身为一个在美国出生并长大的穆斯林，我每天都能看到别人对我的偏见。作为一个棕色皮肤的高个男子，我上飞机时，经常会看到有些乘客瞪大了眼睛。我不会穿有威胁性颜色的衣服（比如粉红色），我会对飞机上的每位乘客报以微笑，好像在告诉大家“不必担心这个棕色皮肤的家伙”。

如今，许多美国穆斯林女性，尤其是每天都会戴头巾的女性，面临着更大的困难。我的母亲和姐姐都戴头巾。我知道我们一家人出现在大型购物中心或饭店等公共场所时，别人都是什么表情。

当人们在日常对话中称我们为“温和的穆斯林”时，许多美国穆斯林往往会觉得很尴尬。我们更倾向于“主流的穆斯林”一词，因为在我们的群体中，许多人认为“温和的穆斯林”具有贬损的意味，表示“可接受的”或“令人满意的”穆斯林，而“主流的穆斯林”更准确地定义了全球穆斯林社区的大多数人。

我要讨论的最后一个模式是群体思维，我在前文提到过，这是社交至上的一种表现。可以说，我们的个人偏见中有很多根本不是个人偏见，其深受我们所属的文化和群体的影响。历史上发生过很多事件，普通百姓集体陷入了某种群体狂热，殴打自己的同胞。当我们审视这些事件时，群体思维显然起了很大作用。我们深受群体关系和信仰的影响。

我们所有人都想要融入某个群体，无论在情感上还是在实践中，这种归属感对我们的生存至关重要。与逆流而上相比，如果我们能与周围的人融洽相处，那么生活会更容易。从这个意义上讲，当某个群体信奉我们所讨论的这些偏见时，这些偏见就会延续下去，因为我们已经就此达成了一致。当群体成员对别人的想法一清二楚，并开始彼此效仿时，这些偏见就成了自然而然的事。在大多数情况下，这表明有意识的决策过程将不复存在。

想一想，这种情况你在家里、公司和社区见过多少次。我们喜欢“这样的人”，不喜欢“那样的人”。我们都认为考上某些学校的人更出色，性格外向的人更合适，或者某种性格类型的人和我们是一类人。在某些时候，我们用不着思考，因为群体会为我们思考。

正如我之前所说，能够区分这些模式自然很好，但如果分不清楚也不要过于纠结或担心。最重要的是，我们要知道自己每天都生活在各种偏见所组成的旋涡之中，结果可能会严重影响我们的生活。现在，让我们来看看许多例子，偏见有时会导致悲惨的后果。

第四章

生命、死亡、逮捕与无意识偏见

需要强调的是，怀疑具有杀伤力，偏见具有毁灭性。因为害怕而无所顾忌地寻找替罪羊自然会产生恶果，影响我们的下一代以及尚未出世的后代子孙。不幸的是，我们无法将它们禁锢在边缘地带。

罗德 · 瑟林

2018 年 4 月 12 日，唐特 · 罗宾逊和拉雄 · 尼尔逊走进了美国费城的一家星巴克，在一张桌子旁坐下。这两个非裔美国小伙子 23 岁，是生意伙伴，他们正在等另一位生意伙伴，想等他来了再点餐。

一位目击者表示：“这件事是这样开始的，那两个人想要用一下洗手间，但被告知只有点了东西的顾客才能使用（这一点后来得到了费城警察局局长的证实）。”目击者说，他们“一边静静地闲聊，一边等朋友”，随后警察来了，要求那两个人离开，还说如果他们不离开，就属于非法入侵。这位目击者在给美国广播公司的邮件中写道："那两个年轻人礼貌地问警察，为什么他们必须离开，得到的理由是这家店的经理想要他们离开，没有其他原因。"他们告诉警察他们正在等朋友，并提出可以给朋友打电话，以此证明他们在这里是有正经事要谈的。目击者说，这时，几名警察挪走了那两名男子周围的桌椅，将他们收押。她回忆说，后来他们等的那位朋友来了，试图向警察做出解释。但是警察告诉他，那两个人"没有付款点餐，所以属于非法侵入"。"两人一直都很镇定，连说话声音都没有提高。不过，这家店里的其他人都感到非常震惊。"[1]

这里讲述的事件并没有争议。另外，有目击者说，其他顾客不用买东西也可以使用洗手间。那件事发生时，这家店里的一个人"宣称，她过去几个小时一直在这里坐着，什么东西都没买"。[2]

星巴克的这件事只是无数类似事件的一个缩影。从这些事件中，我们可以看到，过去几年，日常生活中的偏见已经成了公众关注的焦点。除非你与世隔绝，否则肯定知道星巴克迅速果断地做出了回应，在5月29日那天关闭了8 000家门店，为所有员工提供无意识偏见的培训。

后来的采访和谈话表明，那家门店的经理不可能在那天早上醒来后就开始寻找黑人，然后特意把他们赶出店里。实际上，她似乎也不太可能在有意识的情况下对自己说："那些人是黑人，他们一定很危险。"实际的情况可能是，她觉得那两个人从某种程度上说让她产生了一种不同于其他人的威胁感。

如果这种情况很少发生，那么我们很容易将其视作反常现象而置之不理。毕竟，像星巴克这样拥有 20 多万名员工的公司，不可能保证所有人都不会做出不当举动，这样说似乎是合情合理的。但是，这件事对我们而言之所以很重要，是因为其并非偶然事件，实际上这种事经常发生。

2019 年 5 月，美国民权联盟发布了一项有关华盛顿特区警务情况的研究报告。他们发现，2013 ~ 2017 年，华盛顿被捕的人中有 86% 是黑人，黑人人口大约仅占这一地区总人口的 47%。实际上，在这段时间里，黑人被捕的次数几乎是白人的 10 倍，而且所有街区都存在这种情况。[3] 值得注意的是，在因无证驾驶被捕的人中，黑人占 78%；因在公共场所持有打开的酒瓶或因在公共场所吸食大麻被捕的人中，黑人占 80%；因赌博被捕的人中，黑人占 99%；因噪声扰民被捕的人中，黑人占 76%。[4]

这些案件（比如无证驾驶）中有很多都值得注意，因为被捕的人大多是在被拦截后才被警察发现有问题的。换句话说，警察因为某种原因怀疑当事人，所以才让他们把车停在路边，结果发现他们没有驾驶证。

这些模式并不罕见。经常看新闻的人都知道，在过去 10 年中，这样的事发生得太多了。这一点真的很令人难过。

2012 年 2 月 26 日晚上，特雷翁 · 本杰明 · 马丁，一个刚满 17 岁的非裔美国青年，走在佛罗里达州桑福德的一个联排别墅区。他准备去探望父亲、父亲的未婚妻和她的儿子。马丁嘴里含着糖果，他一边喝果汁，一边用手机和朋友聊天。大家都知道，他身穿“连帽衫”，就是那种带帽子的运动衫，身上没有携带任何武器。乔治·齐默尔曼，28岁，西班牙裔美国人，混血，桑福德的居民，此前被选为该社区的协警。截至2012年2月26日，齐默尔曼被允许携带枪支已有大约两年半的时间了。当天晚上7点零9分，齐默尔曼拨打了桑福德警察局的非紧急联络号码，报告说社区出现了一个“可疑的人”。齐默尔曼说：“我们社区发生了几起非法闯入事件，现在有一个人真的很可疑。”他这样形容马丁，说他“到处徘徊，四处张望”。他还说：“这个人看起来像是在图谋不轨，或是个吸毒成瘾的人。”

不到10分钟，马丁死了，他被齐默尔曼近距离射杀。后来，齐默尔曼被指控犯有一级谋杀罪，但最后他被判无罪。

2014年8月9日，18岁的非裔美国人迈克尔·布朗，在美国密苏里州圣路易斯的郊区弗格森，被白人警察达伦·威尔逊枪杀。布朗的一位朋友声称，是警察挑起的争端，他抓住布朗并威胁他。威尔逊声称布朗试图抢他的枪，他是为了自卫才开的枪。双方都认同的两件事是，枪击发生时布朗并没有携带武器，随后他中枪身亡。大陪审团后来判处达伦·威尔逊无罪。[5]

2014年11月23日，一个名叫塔米尔·赖斯的非裔美国男孩儿在美国俄亥俄州克利夫兰的库德尔闲逛。这里有一个向公众开放的公园。当时，警察接到电话说一名黑人男子持“枪”对准人群。记录显示打电话的人分别说过，那把枪“可能是假的”，赖斯“可能是个青少年”。当克利夫兰的警察蒂莫西·洛曼和弗兰克·加姆巴克赶到现场，要求赖斯“举起双手”时，赖斯看上去似乎是在从兜里掏枪。洛曼开了两枪，赖斯第二天因枪伤死亡。他拿的枪实际上是一把仿制的软弹气枪，枪口处表明它不是真枪的橘色标识已经被拿掉了。赖斯 12 岁。大陪审团拒绝起诉那两名警察。[6]

2016 年 7 月 6 日，32 岁的非裔美国人费兰多·卡斯蒂尔的女友因交通违规被明尼苏达州的警察杰罗尼莫·亚涅斯拦下。卡斯蒂尔主动告诉警察他带有枪支。他在准备去拿驾驶证登记时告诉警察“我不是去拿枪的”。结果，亚涅斯开了 7 枪，杀死了卡斯蒂尔。亚涅斯被控犯有三项重罪，但他最终被判无罪。[7]

令人遗憾的是，未携带武器的非裔美国人被警察杀害的事件不胜枚举：弗雷迪·格雷在巴尔的摩警察的拘捕过程中死亡。并未携带武器的萨姆·杜博斯开车时被辛辛那提大学的校警打死。特伦斯·克拉彻被俄克拉何马州塔尔萨的一名警察杀死，警方的录像显示，他双手举在空中，并未携带任何武器。奥尔顿·斯特林在兜售 CD（激光唱片）时被捕，之后被路易斯安那州巴吞鲁日的警察杀害。哈马尔·克拉克被捕后被明尼阿波利斯的警察开枪打死。坐在轮椅上的杰里米·麦克杜尔被特拉华州威尔明顿的警察射杀。威廉·查普曼二世在弗吉尼亚州的朴次茅斯被一名警察开枪打死。沃尔特·斯科特因交通违章被南卡罗来纳州北查尔斯顿的警察迈克尔·斯莱格拦住，随后被开枪打死。斯莱格因枪击入狱，像这种警察被判入狱的案例少之又少。埃里克·加纳因兜售散装烟被拘，随后被纽约市的一名警察勒死。28 岁的黑人妇女桑德拉·布兰德开车时被警方拦截，双方发生争执，结果在拘留期间，她被吊死在得克萨斯州沃勒县的牢房中。

这样的例子不胜枚举。重要的是，我们要在一个更大的框架中看待这个问题，因为每个案件都能够并且已经由人们从多个角度进行了研究。就大局而言，我们看到的是，与警察交涉时，黑人比白人面临更大的危险。加州大学洛杉矶分校戴维·格芬医学院的安东尼·L. 布伊、马修·M. 科茨和埃利科特·C. 马太研究了种族与警察暴力这个问题。[8] 他们发现，非裔美国人和西班牙裔美国人不仅被警察杀害的概率更高，这些人在被警察杀害时的平均年龄也比白人低。他们研究了 2015—2016 年这两年中因警察暴力丧命的人。结果发现，有色人种占总人数的比例为 38.5%，但这些人中因警察暴力导致的寿命折损却占 51.5%。寿命折损是指真实寿命与预期寿命之间的差异。

这并不是一系列毫无关系的个案，而是一个广泛存在的问题。

然而，这些案件的始末，从事件发生到审判，再到后面的种种事情，很多时候，人们都自动对所闻所见或是以为自己听到、看到的事情做出了反应。人们会决定相信谁或是不相信谁，并根据已有观点或意识形态得出结论。无论碰到什么事情，人们都会无意识地立刻回想起过去的某件事，并与之进行比较。人们还会基于自己对已发生或未发生事件的有限理解做出假设。

我们要认识到这个问题有很多面，这一点很重要。我曾与数百名地方级、州级以及联邦级的执法人员就偏见问题进行合作。他们中的绝大部分都是好人。身为公务员，他们工作十分努力。虽然任何一个群体中都有坏人，但我坚信，他们当中很少有人会在行动中存有恶意。他们的工作很难做，每天都必须外出，有时可能不得不立即做出生死攸关的决定。他们如果做出了错误的决定，就很可能会沦为下一个被社会抛弃的人。他们还会遇到针对自己的刻板印象和偏见。就我个人而言，我不想做这样的工作，但我们的社会需要有人来承担这项任务。

然而，由于双方之间权力的差异，事态的发展并不相同。警察本身就代表着社会力量，他们的警服、随身携带的武器，甚至是他们带的防护装备都赋予了他们更强大的力量。所有这些因素都让他们有一种权威感和控制感，他们十分确定"谁是当前的主导者"，而这会影响他们的同理心和行为方式。[9]因此，他们对年轻的非裔美国受害者的衣着和行为也形成了刻板印象和假设。举个例子，身为一位68岁的白人，我在佛罗里达州的街上边走边喝着亚利桑那冰茶，乔治·齐默尔曼要是看到我会给警察局打电话吗？会跟踪我并朝我开枪吗？对此，我表示严重怀疑。没有人相信他会这样做。

我们对当事人的不同认识还会影响我们对危险的感知。人们通常认为，年轻黑人比年轻白人更加强壮，更能忍受痛苦（因此更不容易阻止），甚至更加成熟。实际上并非如此。约翰·杰伊刑事司法学院警务公平中心的联合创始人兼总裁菲利普·阿蒂巴·戈夫表示："我们的研究发现，人们似乎觉得，黑人男孩儿就应该对自己的行为负责，但如果换作同龄的白人男孩儿，人们会倾向于认为孩子基本上都是无辜的。”[10]

这些反应均取决于我们的解释。但是，从另一个层面来说，生活中有什么事不依赖于解释呢？正如到目前为止我在这本书中所说的那样，这就是大脑的运作方式。在一个突发事件中我们只能看到事件的一部分，因为我们的大脑无法处理眼前的所有信息。之后，我们会根据过去的经验过滤吸收的信息，并根据我们在生活中形成的偏见来评估这件事。在某种程度上，我们看到和经历的一切完全取决于我们的解释。

我们的假设是基于什么？我们在这一点上甚至都没有达成一致。特雷翁·马丁的案子宣判后，皮尤研究中心做了一次全国性的民意调查。

当他们询问受调查者“您对齐默尔曼的判决是否满意”时，有 39% 的人表示满意，42% 的人表示不满意。但是，如果按种族进行划分，那么调查结果则是：49% 的白人表示满意，30% 的白人表示不满意；25% 的西班牙裔美国人表示满意，58% 表示不满意；在非裔美国人中，有 5% 的人满意，86% 的人不满意。当受调查者被问到“种族问题是否得到了应有的关注”时，答案也存在类似的差别。总体结果是：52% 的人表示种族问题得到了“过多”的关注，36% 的人表示该问题没有得到足够的关注。在对受调查者进行种族划分后，60% 的白人表示种族问题受到了过多关注，28% 的白人说没有受到足够关注；40% 的西班牙裔表示种族问题受到了过多关注，47% 的西班牙裔表示关注不够；只有 13% 的黑人表示种族问题受到了过多关注，而78%的黑人说没有受到足够的关注。[11]

我们不仅对事实有不同的解释，而且对我们如何解释事实也有不同的解释！

想一想，当你在新闻中听到类似的事件时，你会花多长时间“了解”事情的始末？当你听到最初的新闻报道时，你是不是立即就有了自己的意见或反应？这让你想到了过去的什么经历？你倾向于相信哪一方的话？哪一方的证据和观点？你对相关事实做了多少调查？你是如何解释读到、看到或听到的内容的？你是基于什么做出解释的？在你看来，谁是“有罪”的？其所犯何罪？

弗格森事件发生后，“Black Lives Matter”（黑人的命也是命）运动不断升温，这也说明我们的观点会影响我们对事物的解释。迈克尔·布朗被枪杀后，“黑人的命也是命”这句话无处不在，成为美国最有争议的一句话。但是，美国人对这句话有两种截然不同的解释。对某些人来说，这句话是“现代民权运动”的体现。对另一些人来说，这句话则是“身份政治”或“种族分离主义”的象征。

实际上，当我们看到这句话时，并不只是对眼前的事物做出反应。除了眼见之物，还有别的。可以说，两个阵营的人都给这句话添加了一部分内容，一个没有明说的部分。其中一种解读是“黑人的命和其他人的命一样也是命”，另一种解读是“只有黑人的命才是命”。这样一改，整句话的含意就变了。

我们都有各自的观点，但是它们与事实的关系有多密切？也许更重要的是，我们立即形成的观点是如何影响我们最终看到的“真相”的？

你的所有反应有多少是在有意识的情况下做出的？你在表达与所在群体不同的观点时，是否觉得很轻松？或者说，你现在还觉得很轻松吗？你所在的群体有没有群体思维？有没有哪一种观点成了“正确”的观点？

我们看到的海量信息，尤其是错误信息，加剧了这一问题。黑人在各种媒体中始终以罪犯的形象出现。[12] 这种形象已经根植于人们心中，比如星巴克的那位经理，看到店里坐着两个黑人，也许比看到其他人更让她担心。她甚至没有意识到这种担心来自何方。枪杀特伦斯·克拉彻的警察贝蒂·乔·谢尔比说，克拉彻“看起来像个坏人”。她之所以这样说，可能也受到了固有的对黑人印象的影响。我们越常看到这种形象，对“坏人”模样的感知就会越强，我们的边缘系统也就更敏感，时刻准备保护我们免受“坏人”的伤害。这时，“快思考”就会掌控一切。

此外，很多其他因素也会影响我们。前面提到过的菲利普·戈夫发现，文化和生物学层面的“男子气概”也可能成为影响因素，在有色人种与白人警察中，这一点体现得更明显。戈夫发现，睾丸激素水平高的警察，或者觉得自己的男子气概受到了威胁的警察，更有可能迅速开枪，即使依照他们的价值观，他们并不应该主动攻击其他种族。[13] 但是，我们会通过测量警察的睾丸激素水平来判断他们是否更可能迅速开枪吗？

要记住的重要一点是，我们不希望自己有偏见这一事实与我们是否真的有偏见无关。1957 年，美国心理学家利昂·费斯廷格发现了这一现象，并将其称为“认知失调”。[14] 费斯廷格之所以提出这一理论，是因为其受到了 1934 年印度一起事件的启发。费斯廷格发现，一次地震发生后，就有铺天盖地的谣言说马上要有更严重的灾难席卷灾区。费斯廷格推测，这些谣言让人们的恐惧有了缘由，实际上稳定了他们的内心情感。非理性恐惧会令人不安，而创造一种证明恐惧合理的情景则会让人平静下来，因为它消除了人们感性认知与理性预期之间的不和谐。

费斯廷格是这样描述这种现象的：

> 1. 不和谐（或不一致）会让人们在心理上感觉不舒服，它会促使人们尝试减少不和谐，并实现和谐（或一致）。
> 2. 当出现不和谐时，人们除了试图缓解不和谐之外，还会积极地避免可能会增加不和谐的情况和信息。[15]

我们很容易就能看清种族偏见是如何产生的。我希望自己是个公平公正的人，但是面对某些人时我会产生恐惧感和不确定感。大脑的恐惧中心——杏仁核会向我发送危险信号。因此，我会本能地寻找可能令人恐惧的东西。正如我在前文写到的，我们寻找什么，就会看到什么；我们知道什么，就会寻找什么。因此，一个钱包或是玩具枪会被我看成枪支，某人朝我走来是一种具有威胁性的动作，星巴克店内的那两个人似乎不是好人！比起任何其他情感，人类的大脑对恐惧更为敏感，因此会最先感知到危险。

这一发现为无意识偏见研究提出了真正的挑战，这也是我们每天都必须应对无意识偏见的一个原因。我们对可能影响我们的所有不同事物都几乎一无所知。也许不同种族的人中确实有人会被视为潜在的“麻烦制造者”，所以人们“应该”做出相应的反应。人们可以像乔治·齐默尔曼对待特雷翁·马丁那样做出反应，也可以认为这样的“麻烦制造者”最好由警察来制止和讯问。尽管各个种族以及各个年龄段都存在“麻烦制造者”，但正如我在前文所说的，统计数据显示，非裔和拉丁裔美国人被警察拦住审问的频率比白人高得多。

以纽约市争论了数 10 年的盘查制度为例，让我们看一下纽约公民自由联盟搜集的相关数据。2011 年，该市被警察拦下的人中有 87% 是非裔或拉丁裔。如果将这一数据与城市总人口数据进行对比，那么结果会如何呢？纽约市的非裔美国人占总人口的 23.4%，而 2011 年被警察盘查的人中有 53% 是非裔美国人；该市拉丁裔人口占总人口的 29.3%，而 2011 年警察盘查的人中有 33.7% 是拉丁裔美国人；纽约市的白人、亚裔和美洲原住民占总人口的 47.3%，但在警察拦截的人中，只有 13.3% 来自这些群体。

有些人可能会说：“他们当中有更多的人被盘查，并不是因为偏见，而是因为他们当中犯罪的人更多！”也的确有人这样说。但是，我们可以轻易推翻这个结论。我们可以说，如果白人、亚裔和美洲原住民像非裔和拉丁裔那样经常被盘查，那么他们的罪行也很有可能被揭露。

这些统计数据十分普遍。例如，2013 年 7 月，华盛顿民权与城市事务律师委员会在华盛顿特区发表了一项研究。这项研究发现，在一个白人与非裔美国人分别占成年人口 42% 和 47.6% 的城市中，超过 80% 被捕的人是非裔美国人，90% 因毒品被捕的人是非裔美国人（其中 60% 只是持有毒品）。即使大多数社会科学家都认为，吸毒的人在各个种族间分布比较平均，也还是会出现这种情况。[16]

很多人在面对我所列举的类似事件时都认为，种族并非影响他们做出反应的一个因素，对此我并不怀疑。我想，在这一点上他们可以通过测谎仪的测试。实际上，我敢肯定，乔治·齐默尔曼可能也是这么想的。但是，这项研究的结果说明：人们的无意识偏见无所不在、根深蒂固，即使大多数人不知道自己有偏见，也几乎不会影响其存在，或是其对我们行为造成的影响。

这些偏见会有什么长期影响呢？是什么让特雷翁·马丁这样的人引起别人注意的呢？如果我穿着和他一样的衣服，也照搬他在佛罗里达那个雨夜所做的一切，几乎可以肯定，我不会引起别人的注意。在街上自由行走而不必担心被别人视为威胁，这是包括我在内的很多人都视为理所当然的事。这种自由实际上是特雷翁·马丁和许多年轻的非裔和拉丁裔美国人所无法享有的权利。那么，拥有或缺失这种权利对我们的生活会产生什么影响呢？

让我们来看一看这个问题的答案吧。

第五章

谁掌握着权力？

如果你以刻薄做作的口吻说话，并且满嘴污言秽语，那么无论你要说什么，很多地方都会对你关起大门。相反，礼貌、正式的语言几乎可以让你在任何地方畅通无阻，即使其所传达的全部是仇恨和暴力。权力总是赋予自己的话语以特权，而将那些挑战权力的人或权力的受害者边缘化。

朱诺·迪亚斯

现在，让我们深入讨论一下刻板印象以及我们的大脑是如何将某些人与某些特质关联起来的。为了更好地了解刻板印象，我们必须对权力和特权如何在我们周围发挥作用有全面的了解，因为任何一种刻板印象，不管它是“好的”还是“坏的”，都与权力和特权有很大的关系。

权力绝对是所有人际关系中的核心，它体现在很多不同层面。在个人层面上，权力会影响我们对生活的掌控感。我们是否有信心应对生活中的各种事情？我们是否可以免于成为他人滥用权力的受害者？我们对自己的生活是否感到可控？权力在回答所有这些问题时至关重要。

我们接收的有关个人权力的信息大多与潜意识有关，即使我们正在接收相关信息时，潜意识也在发挥作用。我们可能会看到有人在使用权力，但我们可能并不会意识到其存在。关于权力及其使用和滥用的信息可能来自我们的家庭、文化、信仰以及书籍、故事和大众传媒。以我小时候就看过的电视节目和电影为例（我们那个年代的人，小时候确实看了很多电视节目和电影）。在这些电视节目和电影中，男人总是比与之交往的女人更强大、更有权力，这可能会让我在多年后与女性共事时无意中启动某种受到这种印象影响的模式。如果我看到无数男上司和女下属的画面，那么在与女性一起工作时，即使她是我的上司，我可能也会不知不觉地进入领导模式。当然，其他优势群体也可以据此进行区分。下一章，我们会详细讨论性别因素。

当一个非优势群体的人看到自己的同类被刻画为没有能力的或是服从于他人意志的人时，这种没有权力的感觉就会内化。正如我在前文所说，由于这种权力的失衡，非优势群体的人可能会遭遇“刻板印象威胁”或“内化偏见”。这种缺失权力的感觉通常是无意识的，却会影响人们基本的世界观和人生观。

我前面还讲过人们区分“我们 / 他们”的倾向，我们也需要在这一背景下讨论权力。当我们认为自己属于某个特定群体而非相对的群体时（例如“男人”而非“女人”），会立即感受到两者之间可能存在的权力差异。有时候，我们可以觉察或是意识到这种差异，但是更多的时候，这种权力差异却隐藏在我们的潜意识之中。

在美国，主流文化群体通常包括白人男性、异性恋、身体健全的人、基督徒、社会经济地位较高的人、当地出生的人、以英语为母语的人等等。这些群体的所有成员都因为属于特定的优势群体而会受到各种各样的影响。同样，非优势群体的成员（比如白人女性、有色人种、LGBTQ 群体、残疾人）也会受到优势群体的成员身份的影响。比如，我们在日常生活中会有多强烈的掌控权力、特权和安全的感觉，就是这种影响的一种体现。

权力为我们在生活中获得掌控感奠定了基础。我们完成任务、影响成果、行使权力和控制环境的能力，对我们的安全感有极大的影响。这里所说的安全感包括我们确保自己安全的能力、获得自己想要的东西的能力，以及让事情按照自己的想法发展的能力。

权力在组织和个人生活中会发挥不同的作用：[1]

- 强制权：利用自己的职权或优势让别人遵从你意愿的能力。这种权力通常来自某人在组织结构中的职位，比如某人是一家公司的老板。这种权力显而易见，其表现方式既可以是正面的，也可以是负面的。从负面的角度来说，强制权可以激励人们，而不必担心挑战权威人物可能带来的危险。从正面的角度来说，强制权可以通过获得认可带来的满足感激励人们。

- 奖励权：向他人提供他们想要的东西（比如薪水、假期、工作任务、晋升）或帮助他人摆脱不想要的东西（比如告诉他们不必出差或参加会议）的能力。当然，这种权力取决于当权者继续提供这些奖励的能力，还取决于当权者提供的奖励与被奖励人的欲望是否一致。举个例子，如果某人想要获得晋升机会，但是这个晋升机会要求他搬到另一个城市（而这是他认为不可接受的），那么奖励就会失去吸引力。奖励可以是个人的（比如金钱、物品、晋升），也可以是非个人的（比如致谢、表扬）。
- 关系权：这种权力与某人和权威人物的关系有关，这种关系可能是真实的，或是别人以为如此的。具有这种权力的人可能没有任何明确的头衔，但是因为与掌握这种权力的人有关系，他们仍会发挥巨大的影响。例如，我在职业生涯中遇到的最有关系权的人包括首席执行官的执行助理。他们名义上的权力是有限的，但他们知道首席执行官的日程安排，往往能在老板那里说上话。同样，如果某人与有关系权的人私交不错，那么他往往可以打开通行的大门。
- 资源控制权：我们经常说“控制钱袋子的人”掌控着一切。调动或拒绝调动组织、社区或家庭资源的能力会对人们的行为和决策产生巨大影响，如果某人能够控制预算的制定方式，那么他也可能产生重要影响。
- 假定或业已证明的专业知识：这种权力由提供专业知识、

具有真实能力的人掌控，或者某人只是在别人眼中具有能力，而实际上在某种特定情况下，他的这种专业知识是有限或根本不存在的。医生可能在与健康相关的问题上拥有极大的权威，而不考虑他们在医学领域的专长是什么或其专业能力到底如何。别人以为你拥有的专业知识通常要比你实际拥有的专业知识的影响力更大。

- 信息权：我们都知道“知识就是力量”。信息权是指人们接触组织或系统内部信息的权力。这往往与职级或关系权紧密相关。拥有信息权的人可以利用他们知道而别人不知道的信息来施加影响。他们还可以通过决定与谁分享信息来拉拢或排斥某些人，从而行使奖励权。
- 人格力量：有些人仅仅通过人格力量就能享受权力并产生影响。我们有时称其为“人格魅力”，有人甚至能“在阿拉斯加卖出雪球”。

当你思考这些权力的区别时，你觉得自己在生活的哪些方面最有能力？又有哪些事情让你感到无能为力？

这些权力会以各种方式以及各种组合影响人们。我们都有掌控权力的感觉或无力的感觉。这种个人的权力感或无力感通常会在人际交往时表现出来，具体说就是在你与他人互动时表现出来。它可能表现在我们与他人的相处模式、行为方式或所用的语言中。这些隐性权力也可能被制度化，而我们往往没有意识到。各种不同的组织结构和体系、规则、政策、手续，甚至我们的语言都可能在不经意间增强这些权力。比如说，你最近遇到了多少位女性主席？在法律尚未允许同性恋结婚的地方，你是不是经常在表格中看到“配偶”一栏，而没有可以填写同性伴侣的地方？你所在的学校或组织有哪些假期？这些假期是否考虑到了所有的宗教信仰？

个例本身似乎并不是特别重要。但是，这些个例可能会发生在很多人身上，从而形成一张网，慢慢地在人与人之间确立权力的作用。这些个例通常以微行为的形式出现（从正面来讲，包括微优势或微肯定；从负面来讲，包括微不平等）。微行为是指一些小动作可能会有一丁点儿令人讨厌或微不足道，但它们产生的影响可能会比我们意识到的要大，尤其是当它们伴随类似的行为一同出现时。

“微不平等”一词最早是在 1973 年由麻省理工学院斯隆商学院的监察员、谈判与冲突管理专业的副教授玛丽·罗提出的。她将“微不平等”定义为“显而易见的微小事件，通常是短暂的，而且难以证明。这些隐蔽的事件经常是在无意中发生的，而行为人往往没有意识到。只要在有人被视为‘异类’的地方，这些事件就会发生”。[2] 这些事情可能包括以下行为：

- 经常念错你的名字
- 经常被打断
- 让人们避免与你进行眼神交流
- 面对面交谈的同时处理多件事（比如查看电子邮件或发短信）

- 让某个群体的成员更频繁地发言
- 非语言信号（比如面部表情、翻白眼）
- 认可某些人而非其他人
- 交流的频率和可靠性
- 在某些群体感到不自在的地方举办活动

这些行为本身大多令人厌烦，但是当它们组合在一起时，就会增强权力在其所处文化中的作用。同时，它们还常常受到相应的微优势的支持，比如：

- 与老板打高尔夫球或是参与类似的活动
- 参加社交活动或商务午餐
- 当你指出产生问题的原因时，别人相信你的话
- 别人说话时，停下手中的事，聆听对方倾诉
- 走进房间，别人点头示意；做出贡献时得到认可
- 和同事一起见到某人时会被引荐
- 认可你的种族，并对其表现出兴趣
- 在交谈时邀请你发表意见
- 总是让人们适应你的语言

这些行为有时被称为“微歧视”，因为它们会对人们获得成功的能力产生无情的残酷影响。但是，“歧视”一词几乎总是用来描述有意识的行为，而这些行为大多都不是有意识的！我们在一般的对话中会向彼此发送数十条微信息，一天当

中则会发送数千条微信息，而这几乎都是在无意识的情况下进行的。但是，鉴于双方之间存在权力框架，一方可能会对信息传递者的意图做出假设，这也许不准确，但影响依然存在。

这些信息交织成的网络为优势群体的成员创造了某种特权。像权力一样，特权通常会出现在个人、人际和机构层面，并且以多种方式体现。一般来说，特权是某些人而非所有人享有的特殊条件、豁免权或利益。它往往是某些特定人群享有的权利，这些人可能不需要和其他人一样遵守相同的规则，也不必接受制裁。特权有的合法，有的不合法，这取决于特权是否有明确的规定。不过，特权一般要微妙得多，其根源尚不清楚。

优势群体的身份通常会成为隐性特权的来源。不过，这种特权也许不会以“有害行为”这种形式呈现，它可能只是一种假设的常态。或者，它可能以“强权力团体中某人的赞助行为”这种形式呈现。在“帮助”权力较低的人的过程中，他们可能仍会表现出拥有特权。这些特权十分普遍、十分隐蔽，当体验到它的好处时，我们往往以为这是靠自己努力得来的，由此会觉得别人只要“努力工作并且足够聪明”，或是采用和我们类似的心智模式，他们也会得到同样的特权。用棒球打个比方，这就好像是三垒手以为自己打出了三垒安打。人们在无意识的情况下因为权力和特权获得了成功，但他们却以为这是凭借自己的能力获得的。

有一次，我和一位大学生聊天。他上的是一所很好的大学，正要回家过感恩节。我们讨论了大学实行的招生计划涉及的平权法案。这位学生说："我真的搞不懂。我相信平等（事实上，我知道这位学生对多元化持非常开明的态度，甚至在附近的食物银行做志愿者），但是有一点我想不通，为什么某个学生会因为种族加分，而别人却要努力考取更好的成绩、得到更高的 SAT 分数，参加更多的课外活动？无论我们是什么种族，我觉得我们都需要努力。"

因为我很了解这位学生，和他的关系也比较密切，所以我拿出一张纸，问了他一些问题：有没有觉得上学或是放学回家时自己面临什么危险？父母花了多少时间在你的作业上？父母可以接受你拥有什么程度的教育？家里有多少书？是否担心过家人没有钱支持你进行课外活动（比如体育、音乐、童子军活动、武术）？你家有像样的电脑吗？能上网吗？你几岁时有的电脑？几岁时开始使用电脑？这台电脑是你自己用，还是必须与家人共用？你对电脑有多少访问权限？你是否需要工作养家？工作几个小时？什么时候开始工作的？你参加过 SAT 辅导班吗？你参加了多少个？为了确保获得最好的成绩，你参加了几次 SAT 考试？

我总共问了他三四十个问题。他回答完之后，我请他读一遍那张清单，看看在他当志愿者的那家食物银行所在的社区长大的普通孩子究竟处于什么样的境况。他看了大约 20%，然后说："哇，我以前从来没有想过会是这样。"

大多数优势群体的成员都不会这样想，因为这并不影响我们的生存。优势群体的成员往往不会关注群体身份，也不像非优势群体的成员那样清楚这些身份，或是经常想到这些身份。缺乏群体身份的意识很容易让我们看不见自己的权力和特权，即使在周围的其他人看来，这些权力和特权是如此明显。由于我们倾向于假设偏见都具有某种意图，这更让我们察觉不到权力和特权的存在。因为我们经常认为偏见属于明显的偏执行为，所以我们对每天赋予并增强我们权力和特权的那些无形的结构、系统和行为视而不见。

韦尔斯利学院女子中心的副主任、国家教育平等与多元化课程项目的创始人兼联合主管玛格丽特·麦金托什（佩吉）在 1988 年的著名论文《拆开看不见的背包》中谈到了这些现象。[3] 麦金托什指出，这些特权或微优势会以 50 种不同的方式出现，它们仿佛“无形、无重量的背包，里面装着特殊的规定、地图、护照、密码本、签证、衣服、工具和空白支票”。以下列举其中的几个例子（无特定顺序）：

- 如果我愿意，我大多数时候都可以让同种族的人与我同行。
- 我大多数时候都可以独自逛街，完全不用担心被人跟踪或骚扰。
- 我打开电视或报纸的头版，到处都能看到与我同肤色的人。
- 当别人给我讲述我们的国家遗产或文明时，我知道是我们的种族创造了当今的遗产或文明。
- 我去超市可以找到符合我们种族文化传统的食物，去理发店可以找到帮我理发的人。

- 我不必教育我的孩子注意种族主义，每天注意保护自己不受伤害。没有人要求我代表我的种族发言。
- 我可以为支持反优先雇佣行动的公司工作，而同事不会怀疑我是因为我的种族而获得的这份工作。
- 如果作为领导者的我信誉不高，那么可以确定这不是由我的种族问题造成的。
- 我孩子的课本以及在教室里学到的知识暗中支持我这种家庭，并且不会让他们反对我选择的同居关系。

你在生活和组织中享有什么特权吗？你知不知道在哪些地方你有权力和特权，在哪些地方没有？如果没有权力和特权，你会是什么感觉？

这些例子传递了许多明显的信息，却被我们周围的世界掩盖。我们无须考虑它们，因为我们用不着这样做。我们是如何获取这些可能让自己享有权力和特权的信息的？我们可能完全没有意识到其中的过程。因此，我们难以辨认这种权力和特权，而当它们引起我们的注意时，我们也很难面对。举个例子，在我写这本书的时候，年龄在 16 岁以上的任何美国公民上小学时可能都看到过墙上挂着的美国总统照片。每天路过总统照片的时候，信奉基督教的白人男孩儿是否注意到，所有总统都是他们“群体”的成员？他们仅仅是“总统”吗？当女孩儿或其他肤色的学生走过时，他们是否有意识地接受了这样的信息——“你不属于这个群体”，该信息是否成了他们潜意识的一部分？经过这些照片时，有些人心想“你可以成为你想成为的人”，而另一些人认为“有些事情你这辈子都不能做到”。这些信息可能对我们内在的自我感知产生什么影响呢？

为了保护我们，爱我们的人甚至可能会在不经意间强化这些信息。比如，有很多非裔美国朋友以及工作上的伙伴告诉我，他们的父母曾对他们说：“要想在这个社会立足，你必须付出是白人双倍的努力。”这条信息显然传达了这样的意思：让自己的才华和技能受到主流文化的重视是更具挑战性的。但是，尽管这句话暗含了这样的意图，但信息接收者会如何理解呢？我的讲习班上有一位参与者说出了她的理解，多年来我从很多人那里都听到过类似的表达：

> 我小时候总听人说你必须加倍努力。我照做了，我废寝忘食达成了目标。大学顺利毕业后，我又读了研究生，后来获得了博士学位。尽管如此，我从未觉得自己足够优秀。直到我咨询心理医生，试图弄明白为什么我永远感觉自己不够好时，我才“找到了答案”。当父母出于爱告诉我一定要加倍努力时，他们是在激励我在这个充满挑战的世界中取得成功。但当我还是个小孩儿的时候，我听到的却是“你才做到了一半”，而这一信息一直伴随着我。

这条信息很强烈。但是，多元化领域研究权力和特权的一些经典方法存在一个陷阱：对权力和特权的研究集中于特定的群体（比如“白人男性的特权”），而非大局。这样做的代价是：

我们往往会把痛苦分等级，认为其中某个人或某个群体的痛苦更为重要。我们在无意中会让人们聚焦于自己没有权力和特权的方面，而对他们拥有权力和特权的方面视而不见。正如麦金托什在论文中所写的：

> 在我意识到男性的行为在很大程度上建立在他们群体那未成文的特权之上以后，我明白了他们表现出的高高在上大多是无意识的。后来，我想到有色人种的女性经常抱怨，她们遇到的白人女性让她们觉得很有压迫感。我开始明白为什么别人觉得我们有压迫感，虽然我们自己并不这样认为。我开始计算自己因为肤色而平白无故享受的特权，那些由于习惯而被忽略了的特权。我所接受的教育没有教我把自己当成压迫者，当成享有不公平优势的人，或是一种具有压迫性的文化的参与者。我所接受的教育告诉我要把自己看作一个道德境界取决于道德意志的个体……白人接受的教育是在道德上保持中立，过一种规范、正常、理想的生活。这样，当我们造福他人时，这种行为会被视为一种让“他们”更像“我们”的努力。

要想更深层次地了解权力和特权，我们面临这样一个挑战：我们实际上在谈论从两个不同的角度看待这个问题，而这有时似乎是令人困惑甚至是矛盾的。

一方面，大多数人至少属于一个赋予他们特权的群体。我们可能是以白人为主的文化中的白人，由男性主导的环境中的男性。我们可能是基督徒、异性恋、知识分子、社会和经济地位高于平均水平的人，或拥有其他人没有的基本物质条件，比如干净的自来水或安全的食品。尽管我们在某些领域拥有权力和特权，但在其他领域我们可能处于弱势地位。我们可能是白人、男性，但却是同性恋、佛教徒或残疾人。在崇尚外向的文化中，我们可能比较内向。因此，从这一点来说，我们可能与不同群体的人有一定的共性。

我的好友约翰妮塔·贝奇·科尔博士列举了一个自己生活中的例子。她曾任斯佩尔曼学院和贝内特学院这两所女子学院的院长，还曾是史密森尼国家非洲艺术博物馆的馆长，现任全美黑人妇女理事会主席。

> 我在美国南方长大，是黑人，也是女性，但我家并不穷。我的外曾祖父亚伯拉罕·林肯·刘易斯与6个非裔美国人创立了佛罗里达州第一家保险公司。他是这个州的第一位黑人百万富翁，因此我们家在杰克逊维尔赫赫有名。我的母亲很看重我们的言行，她希望我们正常表现，而不要“自满”。当然，在实行种族隔离制度的南方，那时的许多营业场所是不对我们开放的。但是，因为人们知道我们家很有钱，所以一家大型百货公司的老板会定期给我的母亲打电话，他会说：“贝奇太太，我们到了一批很漂亮的衣服，很适合女孩子，您可以带孩子们来试一试。”当然，这并不意味着我们可以白天去，我们必须在百货公司关门后去。我很小的时候并不知道具体是怎么回事，我觉得这

是专门为我们准备的。但是长大一些后，不记得具体是在几岁，我知道了事情的真相。我觉得这并不是特权，而是一种侮辱！我记得我告诉母亲再也不去那家百货公司了！要去就白天去，我是绝对不会半夜去的。在那个年代的美国南方，种族总是高过阶级的。

大多数人都会觉得自己在某些方面享有特权，而在另一些方面没有特权。不过，从另外一个层面上看，这些差异十分显著，因为它们并不完全相同。我们仍然生活在社会群体中，而所有的社会群体都有某些决定其地位的因素，可以通过各种标准进行衡量，比如资历、受教育水平、种族、性别、社会和经济地位、宗教信仰、组织内的级别（比如领导者、经理、雇员），以及地理位置——是本地出生还是移民。在这些领域以及其他可能的领域，我们的经历截然不同。那么，应该如何协调我们经历中的共性以及某些人拥有特权而某些人缺少特权的情况，以及如何协调某些特权对其他人产生的不同影响呢？

也许我们可以把这个问题看成一个变化的矩阵，其中权力、地位和资源位于纵坐标上，生活经验和故事位于横坐标上。重要的是，要知道不稳定性是理解这个概念的关键，因为我们的权力感和特权感可能会随着情况的改变而改变。

举个例子，几年前，我和一位非裔美国人有过一次交谈。他是我服务的一家公司的高级副总裁。他受过高等教育，薪酬丰厚，领导着一个 250 多人的部门。他有自己的行政办公室和停车位，可以调动数亿美元的资源。他的房子很大，位于一个高收入人群社区。他是基督徒、异性恋。有一天，他对我说了下面的话：

> 我知道从很多方面来说我都实现了美国梦。我拿到了一流大学的博士学位，拥有一份高管的职位，薪水很高，开着高档汽车，手下有很多人……从各个方面来讲，我都不应该有什么担忧。在大多数情况下，我每天确实都不怎么发愁。但是，有时候我会突然意识到我仍处于权力和特权范围的另一端。例如，当我的两个儿子拿到驾照后，我不得不坐下来告诉他们，如果被警察拦下，一定要小心应对，比如手该放在哪里，什么该说、什么不该说，应该有多少眼神交流——一定要有但不要太多。后来，就在上个月，我儿子开车回家时被一名白人警察拦住了，我们住的是以高薪白人为主的社区。警察想知道我儿子在那儿干什么。当我出去跑步或去商店时，我会思考应该穿什么衣服，才能让人们觉得我属于这个我住了15年之久的社区！无论我取得了多少成就，我依然有此困扰。这可能是最令人沮丧的事了，我没有办法摆脱它。

权力和特权无处不在，但是我们比以往任何时候都更清楚，我们没有意识到它们对我们生活的影响。我们既不觉得它们影响了我们的自我感知，也不觉得它们影响了我们对待他人的方式。

我们每天都可以在社区、学校和工作场所看到这样的场景。举个例子，一项研究表明，与男性领导者相比，女性领导者提出相同的建议和论点，“得到的负面回应更多，正面回应更少。与男性领导者相比，女性领导者得到的负面回应多于正面回应，而男性领导者得到的正面回应至少不比负面回应少”。[4] 在另一项研究中，不列颠哥伦比亚大学人类学和社会学教授玛莎·福斯基发现，这些现象会导致双重标准，在评估人格、分配奖励、决定态度（喜欢或不喜欢）时，这“为我们用更严格的标准评判地位较低的人打下了基础”。此外，这还会影响人们对美、道德和心理健康的看法。[5]

人们在应用这些模式时往往是无意识的。讽刺的是，与行为的实施者相比，非优势群体作为行为的接受者，很可能会更频繁地注意到这种行为。由于人们一般先假设有某种动机，然后据此做出反应，因此当优势群体的成员面对自己甚至都没有意识到的行为时，他们会极力为自己辩解！

权力影响我们的方式非常有趣，我们最近对其也有了更好的了解。举个简单的例子，我们很容易得出这样的结论：有权力的人对别人不那么敏感，因为“他们很忙”或“有太多事情要做”。但事实证明，除了时间因素，其中还可能涉及其他因素。

苏克温德·辛格·奥比希是加拿大安大略省滑铁卢市威尔弗里德·劳里埃大学的心理学和营销学副教授，还是这所大学的大脑、身体与动作实验室主任。他和同事招募了一些受试者，让他们随机反思自己在生活中觉得很强大或是很无能的时刻，从而激发他们对权力的感知。随后，研究人员让受试者观看一段视频，内容是一个人用食指和拇指捏橡皮球。研究人员跟踪大脑的活动，以确定人们在感到强大或无能时镜像神经元的活动是否存在差异。结果显示，当人们内心觉得“无能为力”时，他们的镜像神经元系统会更加活跃。他们的大脑对观看捏球时的镜像效果反应更为强烈，对外部刺激变得更加敏感。但是，当人们觉得自己很强大时，镜像神经元的活跃度会降低。事实证明，权力会削弱我们的同理心。[6]

加州大学伯克利分校的心理学家保罗·皮夫和达谢·凯尔特纳通过研究社会阶级赋予的权力和特权，证实了这一假设。在大多数文化中，尤其是在美国，社会阶级越高的人越有权力。[7]皮夫和凯尔特纳做了多项研究，希望了解收入和社会地位是否会影响人们的行为。他们的发现非常具有戏剧性。

通过广泛的研究，他们发现，财富似乎不仅与缺少同理心呈正相关，而且与不道德行为的增加呈正相关。他们发现，富人开车时更有可能触犯法律，包括红灯时不停车等行人通过，拿走别人的东西，谈判时缺乏道德，为了赢得比赛而违反规则。而且一般来说更贪婪。这并不是要抹杀许多富人在慈善捐赠中的慷慨之举，也不是说富裕本质上是邪恶的。这项研究只是想要探索人们日常生活中发生的事。

这些研究结果很容易让我们得出这样的结论：“穷人比富人更友好”，或是将这些研究斥为“阶级斗争”（毕竟，其中有些研究人员来自“伯克利共和国”）。但是，不管怎么说，我们都要知道这项研究的结论可能存在更复杂的东西。

感到自己权力在握似乎会让我们更少地关注风险，更多地关注奖励；更倾向于自私自利而非对他人有同理心；不清楚自己如何到达了现在的位置，而更有可能觉得这是靠自己的努力得到的。这是否意味着有权力的人不是好人呢?

事实上，这只是表明权力会激活大脑的某些区域，关闭某些区域，从而导致一种无意识的趋势，让人更多或更少地关注周围其他人的需求。掌权的人可能会不自觉地变得更加自私，没那么有同理心，而自己却根本没有意识到这种情况。问题并不是掌权者本身，而是权力对人的影响。这也许可以解释，为什么历史上有那么多人民推翻专制政府的事件，而结果只是又建立了一个新的专制政府。这与阿克顿勋爵曾经说过的一句话非常吻合:“权力导致腐败，绝对权力导致绝对腐败。”

那么，这是否意味着我们应该阻止权力，或是必须使掌权者受到限制？我的想法是，我们需要更清楚自己在生活的哪些方面拥有权力，无论其是明显的还是隐蔽的，这样我们才能相应地调整自己的行为。此外，这还意味着，如果我们属于当今多元化社会中的优势群体，我们必须特别留意社会优势会对我们的行为产生什么影响。与任何其他偏见一样，权力可能成为我们的一个盲点，其他人看得到，但我们自己却看不到。

我所谈论的这些现象每天都会出现。下一章，让我们看几个研究之外的例子，看看权力在日常生活中的表现。

第六章

如水之于鱼：偏见之网

有两条小鱼在游来游去，它们碰巧遇见一条年长的鱼从对面游过来，年长的鱼向它们点头示意并说道："孩子们，早上好。你们觉得水怎么样啊？"这两条小鱼继续游了一会儿，随后一条看着另一条说："水究竟是什么啊？"

戴维·福斯特·华莱士 2005 年在凯尼恩学院开学典礼上的演讲

我在前 5 章讨论了生活中偏见的表现方式，谈到了大脑如何以各种方式处理我们所看到的世界，这何以让我们产生了更多的无意识知觉，以及各种偏见是如何透过事物体现出来的。但是，在大多数情况下，我举的例子仅涉及个人的选择或情况。

我们前面讨论过与警察争执造成死亡的案件，从中可以看到各种偏见的影子。偏见不仅导致了个体的死亡，而且让媒体和警察在内的各种人做出了不同反应。接下来还有诉讼案、陪审团的裁决，以及在这些情况下偏见所扮演的角色等问题。

实际上，我们每天都被这张复杂的偏见之网笼罩，它对我们的生活方式产生了巨大影响，而我们大部分时候却没有意识到偏见的存在。文化对我们的行为有着深远的影响，这在大多数情况下也是无意识的。尽管纠正源自无意识偏见的某个行为似乎比较容易，但要想看到我们在这个陷阱中陷得有多深，似乎就不那么容易了。这张网里充斥着各种事件，展现了偏见对我们基本制度的影响。

“MeToo”运动是关于偏见的一个很好的例子。“MeToo”的意思是“我也是（受害者）”，它是一场反对性骚扰和性侵犯的运动。2017 年秋天，电影制片人哈维·韦恩斯坦被控数十年来性侵多名女性，这场运动的规模自此开始扩大。人们通常认为，“MeToo”这个词要归功于女权组织者塔拉娜·伯克和女演员艾丽莎·米兰诺，因为米兰诺，“MeToo”才在推特上广泛传播。在过去的几年中，这场运动提高了人们对性骚扰和性侵犯的认识，并为我们了解偏见体系的发展、巩固和扩散提供了一个很好的案例。

我们看到了这场运动是如何开始的。除了哈维·韦恩斯坦，还有很多声名显赫的男士（以及几位女士）被控行为不当。有些人因此丢掉了工作或职务。但是，在这么多单个的罪犯背后，存在这样一个问题：“究竟是什么样的制度让哈维·韦恩斯坦等人多年来一直性侵女性，却没人站出来说些什么？”

在这短短的一章中，我不可能恰如其分地分析“MeToo”

运动的方方面面。但是，我们可以把“MeToo”运动看作一个复杂的体系，它包含很多部分，会影响我们的反应。

我们所接触的事物会严重影响我们的性别角色和性行为。大多数人的成长环境都与男性主导和男性规范行为的体系有关。我的意思是，这个体系是围绕着历史上男人在家庭和社会中所扮演的领导角色而设计的。在我们那个时代，小时候看的电视剧包括《反斗小宝贝》《老爸最知道》《奥兹和哈里特的冒险》，后来还有《考斯比一家》《杰斐逊一家》《全家福》。这些电视剧都体现了传统的男女行为方式，父亲早上离家去上班，母亲主要扮演家庭主妇的角色。当时，人们认为《玛丽·泰勒·摩尔秀》等描绘单身女性的电视剧属于革命性的作品。此外，还有无处不在的广告，广告里的人喊着这样的口号：“厨师除了做饭，什么都不会做，这就是娶妻的好处！”“妻子越努力持家，看起来就越可爱！”更现代一点儿，CK 或杜嘉班纳的广告带有明显的色情含意：男人经常被打造成强壮有男子气概的“万宝路牛仔”，而女人的形象则是性感诱人的，即使在工作环境中也是如此。

再加上大多数家庭的实际情况，人们对男性和女性的行为规范已经有了心理预期。这并不是说，所有男人或女人都应该以特定的方式行事。但是，在我们的潜意识中，我们可能会认为自己应该如此行事。在青少年时期，男性就经常受到鼓舞，应该通过与女性发生关系来证明自己的男子气概。仿佛与你发生关系的女人越多，你就越像个男人。他们使用的语言甚至也证实了这一点。“你昨晚搞定了吗？”这就好似一场竞技比赛，每“征服”一人，就“获胜”一次。相反，女性受到的教育往往是要与人方便，在这种情况下，她们常常处于弱势地位或是真正的危险之中。

在这个体系中，一个与很多女人发生关系的年轻男子是“玩家”，而一个与很多男人发生关系的年轻女子则可能被视为“荡妇”。我们很容易看到，这决定了权力在那些有权势之人（大多数是男性）卷入性丑闻时公开扮演的角色。德国科隆大学心理学助理教授约里斯·拉默斯发现，在此类事件中，权力扮演着比性别更重要的角色。无论是男性或女性，拥有权力都增加了出轨的可能性。[1]拉默斯发现，在他的研究中，与最无权势的人相比，最有权势的人出轨的可能性要高30%。

2011年6月，拉默斯接受了美国国家公共广播电台科学频道记者尚卡尔·韦旦坦的采访，他又阐述了一些有趣的现象。这次采访是在几起政治性丑闻之后进行的，其中涉及前加利福尼亚州州长阿诺德·施瓦辛格和前美国参议员约翰·爱德华兹的丑闻。拉默斯在采访中表示，出轨可能性的增加可能与我们大脑对权力的反应有关。“这一点甚至会体现在大脑各区域的活跃程度上，”他说，“如果人们觉得自己有权势，那么你会发现，与积极事物相关（比如奖励）的大脑区域比防止坏事发生的大脑区域更加活跃。”[2]

佛罗里达州州立大学的社会心理学家乔纳森·W.孔斯特曼和乔恩·K.马内也有类似的发现。[3]孔斯特曼和马内做了一系列实验，他们将异性恋学生两人分成一组，有意识地赋予其中一位受试者更多的权力。他们在短时间内就注意到了变化。掌握更多权力的人变得更爱调情，有更多的眼神交流和触摸。他们也更可能从对方的行为中读出调情的意思。他们似乎因为自己的权力而认为自己对另一方更具吸引力。孔斯特曼和马内的发现跨越了性别，这实际上可能意味着，卷入性丑闻的男人之所以比女人多，是因为在我们的社会中，权力更多掌握在男人手中。

对权力的掌控感似乎会让我们更少关注风险，更多关注奖励，更倾向于自私自利而非同理心，不清楚自己如何到达了现在的位置，而更有可能觉得这是自己努力挣得的。所有这些都是我们遵循年少时养成的为人处世之道的原因，其中每一点都起到了作用。

这并没有脱离那种对哈维·韦恩斯坦的讨论，不是吗？

最后，让我们再看看人们对这些指控的反应，我们会发现，偏见具有双重因素。有些人倾向于相信男性，贬低声称自己遭到不当对待的女性。所有声称自己在某种程度上遭到唐纳德·特朗普性骚扰的女性就是如此。有些人则倾向于在没有进行任何调查的情况下相信原告。

我们寻找什么，就会看到什么；我们知道什么，就会寻找什么。

这种基于偏见的体系存在于三大重要的文化体系中，它们深刻地影响着我们的日常生活。这三大体系分别是法律体系、医疗体系和政治体系。我不会列举每一种偏见在这些体系中施加影响的例子，因为这是无法做到的。我也不会关注每天都在发生的“微不平等”和“微优势”现象。正如我在前文提到的，只要人们相互接触，就会存在偏见和权力问题。但是，我确实希望至少找出一些例子，这样我们才能真正了解这张偏见之网每天都是如何对我们产生深远影响的。

法律体系

我们在很小的时候就开始受偏见的影响了。一些细微的或不那么细微的信息，会给某些人（而非其他人）打上“犯罪分子”的标签。站在司法体系两边的人都吸收了这些信息。很多人都把非裔美国男子看作犯罪分子，众所周知，媒体在其中起到了推波助澜的作用。[4] 非裔和拉丁裔美国人被比例失调地刻画成罪犯、吸毒者、性工作者或没那么有用的人。当然，不同种族的孩子看到这些形象时不会忘记，而是会从内而外吸收这些刻板印象以及相关偏见。媒体不仅通过虚构的故事情节，还通过新闻报道，建立了这样的联系。有时候，他们向观众呈现的非裔和拉丁裔美国人的形象特别令人吃惊。

2011 年 6 月 30 日，芝加哥 WBBM 电视台播了一则新闻，讲述了前一天晚上发生在芝加哥公园的枪击案，其中两名青少年遇害。那几年芝加哥发生了一系列枪支暴力事件，这是当时最新的一起。在节目中，新闻记者在街上采访了一个 4 岁的非裔美国男孩儿，想知道他对此事的反应。这是当晚播出的采访内容：

男孩儿：“我没什么害怕的。”

记者：“你长大后会远离枪支吗？”

男孩儿："不会。"

记者："不会？那你长大后会怎么做？"

男孩儿："我会有我自己的枪。"

这样的采访真是令人不寒而栗。新闻主播史蒂夫·巴特尔斯坦和苏珊·卡尔森也是这么说的。巴特尔斯坦说："这着实令人害怕。"然后卡尔森说："听到那个小男孩儿这么说，哇，真的太可怕了！"

小男孩儿的话能够证明孩童因为得知枪击事件而变得暴力吗？也许可能，但事实证明并非如此。

美国西北大学罗伯特·梅纳德新闻教育学院的研究人员拿到了采访的完整视频。采访现场还有个人也录下了视频，但他并非记者。在完整的视频中，小男孩儿说话时的语境可完全不同：

记者："你什么都不怕！天哪！你长大后会远离枪支吗？"

男孩儿："不会。"

记者："不会？那你长大后会怎么做？"

男孩儿："我会有我自己的枪。"

记者："真的吗？你要枪干什么？"

男孩儿："我要当一名警察。"

记者："好吧，那你可以有一把枪。"

正如我在前文所说，语境决定一切。[5]

偏见会在一定程度上决定谁将被卷入法律体系。因为那些将犯罪与非裔和拉丁裔美国人联系在一起的源源不断的画面，会无意识地出现在普通公民、执法人员、律师、法官和陪审团成员的脑海里。我在前文讨论了这种思维是如何影响纽约市的盘查制度，以及许多州和市制定的“不退让法”的，它们直接或间接导致了我前文讲述的一些案例。

一旦刑事被告人进入刑事司法程序，就可能面临其他方面的偏见。谁会担任他们的律师？是收费很高的律师吗？他们的家人负担得起律师费吗？抑或是收费较低的律师或公派的辩护人？即使他们全身心投入案件，可能也没有足够的资源来进行充分的辩护。此外，不同种族的律师分布也不平衡。根据美国律师协会的统计，全美国的律师中75%是白人，9%是亚太裔，7%是非裔，6.5%是西班牙裔或拉丁裔，不到11%的律师是美洲原住民。尽管律师中有超过46%的女性，但仅有不到20%的女律师成了公司的合伙人。[6]

当然，还有犯罪的目击者——不管是真实的犯罪，还是想象中的。众所周知，目击者在辨认其他种族的人时有难度。这些潜在的错误引发了人们的严重担忧，同时激发了广泛的研究和评论。尽管如此，无意识偏见还是为潜在的错误辨认提供了另一个依据。

有很多针对内隐偏见和目击者辨认的研究。在其中最著名的一项研究中，受试者会被要求看一张两名男子打架的图片。图片上的一个人拿着刀，另一个人没有任何武器。当图片中的两个人都是高加索人时，受试者通常会准确记得拿刀的是哪个人。当图片中拿刀的是白人，手无寸铁的是非裔美国人时，包括非裔美国人和高加索人在内的大部分受试者都错误地以为拿刀的是非裔美国人。[7]

既然我们知道偏见存在，那么被告、律师和法院之间的关系如何呢？显然，律师对被告的信任和理解会受到各种偏见的影响，法官与法院之间的关系也是如此。几年前，我在弗吉尼亚州的一个法庭观察了几天诉讼过程。这是一个等级较低的法院，负责审理被指控犯有各种轻微罪行的人，包括小偷小摸、交通违法、未成年人饮酒等。我观察了一下检察官和法官是如何审问被告的。

那几天出席庭审的被告各种各样。法官是一位年龄较大的白人，似乎（至少从表面上看）没有种族歧视。但是，没过多久，我就发现法官在法庭上表现出了一定的歧视。如果被告带有浓重的外国口音，那么不管是哪种口音，法官都会失去耐心，看上去十分沮丧，把案件迅速移至诉讼程序的下一步。但是，如果被告操北美口音，法官往往会结案或驳回案件。

几年前，我为创作《重塑多元化》(*Reinventing Diversity*)一书查询资料时，发现了一项研究，其似乎可以解释这种行为。芝加哥大学的两名研究人员希里·列夫－阿里和博阿兹·基萨证明，与操本地口音的人相比，操外地口音的人在人们眼中的“可信度会下降”。研究人员发现，如果简单信息来自人们不太熟悉的口音，那么他们相信这一信息的可能性会下降。[8] 当然，可能会存在许多类似的偏见。种族、性别、身材、肤色的深浅和言谈举止都承载着各自的偏见。像这样的例子我可以列举出很多。重要的是，我们要知道首席法官对这些偏见会有何反应，他们的反应随后将决定对被告的裁决。

此外，还有陪审团的潜在偏见。当然，陪审团的具体成员在很大程度上起着决定作用。塔夫茨大学心理学教授萨姆·萨默斯和哈佛大学商学院教授迈克尔·诺顿发现，种族在陪审员能否出席方面发挥了作用，律师会利用无因回避制度让他们不想要的陪审员回避。在这项研究中，律师更倾向于排除黑人陪审员，即使他们的背景与白人完全相同。[9]

陪审团是如何做出决定的呢？萨默斯和诺顿发现，陪审团成员越多元化，越会做出更好的决定，尤其是当被告是有色人种时。

陪审员如何处理他们在法庭上听到的信息呢？其中肯定存在偏见，这一点儿也不奇怪。贾斯汀·莱文森是夏威夷大学马诺阿分校的法学教授，也是“文化与陪审团”项目的发起人兼负责人。他向准陪审员描述了一个虚构的案件。其中一些人得到的信息包括一张“威廉”的照片，另一些人得到了同样的信息，但照片中的人叫“蒂龙”。这两张照片其实是同一个人，不过经过了数字化编辑，威廉的肤色是白色的，而蒂龙的肤色是黑色的。研究者所提供的案件信息也是完全相同的。莱文森发现，如果蒂龙（而非威廉）是被告，受试者更能记住攻击的细节。莱文森总结说：“民事原告或刑事被告的种族可能会暗中起到作用，让人们产生种族偏见，记错案件的真实情况。”[10]

斯坦福大学心理学家、2014 年麦克阿瑟奖得主珍妮弗·埃伯哈特在另一项研究中发现，当人们看到“与犯罪有关的物体”（比如手枪）时，他们在黑人和白人两种面孔中更容易看到黑人面孔。当照片中与犯罪有关的物体较为模糊时，与白人面孔相比，如果看到的是黑人面孔，人们似乎更容易辨认出该物体。种族与犯罪之间的联系是如此紧密，以至会影响我们的眼前所见。[11] 顺便说一下，现在已有数百项关于这个问题的研究。正如我在《重塑多元化》中所写的：

> 影响并不止于此，法庭审判也直接反映了这种关联。已有充分的文献证明，杀死白人的凶手比杀死黑人的凶手更有可能被判处死刑。[12] 埃伯哈特及同事还研究了种族刻板印象的影响，以及对死刑本身的无意识反应模式。埃伯哈特搜集了 1979 年至 1999 年费城可能被判处死刑的黑人被告的照片，然后让一组受试者看了因杀害白人而被判刑的两名罪犯的照片，但没有告诉受试者他们是被定罪的谋杀犯。埃伯哈特让受试者评价这两张照片在多大程度上是“黑人”，结果令人毛骨悚然。24% 不那么像黑人的人被判处了死刑，而 58% 比较像黑人的人被判处了死刑。换句话说，仅仅因为肤色和特征更接近黑人，被判处死刑的可能性就是原来的两倍以上。[13] 同样，这些人似乎没有意识到他们是根据种族特征做出决定的。他们不知道自己所不知道的东西。[14]

当然，这并不是量刑差异的唯一例子。实际上，与白人相比，非裔和拉丁裔美国男子更容易被监禁，被判处最高刑罚，而且获得假释的速度更慢。[15] 圣母大学进行了一项有关法官判决隐性偏见的研究。在这项研究中，杰弗里·拉赫林斯基和谢里·林恩·约翰逊发现，白人法官尤其偏向白人被告。[16]

要充分了解这一现象的复杂性，我们需要认识到偏见并不仅存在于法院。囚犯获释后，偏见仍会发挥作用。在美国司法部资助的一项研究中，普林斯顿大学的德瓦·帕格教授和巴特·邦尼科夫斯基教授以及哈佛大学的布鲁斯·韦斯顿教授发现，有犯罪前科的白人和黑人之间存在巨大的就业差异。与具有相同犯罪记录的黑人相比，白人接到面试回电的比例要高得多。尽管具有相同学历以及与毒品有关的犯罪行为，但在这项研究中，黑人得到正面回复的比例仅为白人的1/3。更令人惊讶的是，刚出狱的白人重罪犯往往比没有犯罪记录的年轻黑人求职更顺利。[17]

我还可以继续举出其他很多例子，正如前文所说，这样的例子不胜枚举。但是我们所面临的一个严峻现实是“法律体系中唯一不变的就是偏见”。

医疗体系

在我们的社会中，没有哪个体系会比医疗体系更复杂。因此，受偏见影响最大的领域可能也非医疗体系莫属。医疗体系中的偏见佐证了它在我们日常生活中的作用，而且这可谓最令人困惑的证据了，尽管当事人并没有此种意图！

相关数据十分令人震惊。2002年，美国医学研究所发布了一份有关美国人健康差距的开创性报告。[18]美国医学研究所是一家非营利性的非政府组织，由美国国会创办，隶属于美国国家科学院。美国医学研究所在报告中指出，几乎每次在进行重大疾病的治疗时都存在种族差异。一般来说，非裔、拉丁裔美国人和美洲原住民的发病率更高。十年后，研究所的其他研究人员发现，推动解决这一不平等问题的进展可以说是十分缓慢的。数据显示：[19]

- 健康差距并没有消失。许多受试者都表示，健康差距一直存在，并会伴随他们一生。此外，有色人种发病较早，而且严重程度更高。
- 有一些受试者表示，当前的经济下滑已经对健康产生了严重影响，这种影响还会持续下去，特别是对低收入家庭和有色人种而言。贫困是导致身体不健康的主要风险因素。另外，在美国，种族和收入也与健康水平密不可分。
- 尽管人们普遍认为美国目前处于“后种族”时代，但有些受试者指出，制度性种族主义和种族歧视仍然盛行。有充分证据显示，制度性种族主义对健康水平产生了负面影响。
- 许多受试者认为，社区环境因素对健康水平有重要影响。对住在低收入社区的有色人种来说，居住隔离仍然是一个主要问题。
- 必须提高公众对美国健康不平等的认识，这一点现在仍然很重要。报道显示，公众对健康差距的认识水平较低。

这些发现具有极大的讽刺意味。我的职业生涯有很大一部分与医疗领域有关。在从事多元化和管理咨询之前，我在一家大型医院工作了几年。这家医院的很多客户都是医疗服务提供方。此外，我的公司库克·罗斯与美国医学院协会合作了多个项目。有一点我很肯定：从事医疗服务的人是我所知道的最敬业的人。他们致力于医治疾病，但前面提到的那份报告显示，他们的意图与结果并不一定一致。让我们想一想，是哪些因素导致了这种情况发生。与法律体系一样，没有一个简单的原因可以解释这一切。

总体而言，重要的是已经有研究表明，普遍存在的社会偏见会影响健康水平。这不仅体现在享受医疗服务的机会方面——这一点我马上会讲到，而且还体现在研究发现方面。歧视是“一种重要的心理社会性应激源，可以导致健康水平下降，改变行为方式，增加健康风险”。[20] 研究显示，负面偏见导致的日常压力会给当事人的健康施压。怀疑论者可能会说，我们每个人不都要应对这种或那种压力吗？当然，的确如此。但是，这项研究表明，偏见会对健康产生重大影响。下面，让我们看一下偏见是如何在医疗体系中发挥作用的。

享受医疗服务的机会

尽管我们一般会站在治疗的角度谈论医疗体系，但能否享受医疗服务会直接影响人们的健康水平。低收入人群在很多领域都被剥夺了应有的权利。我刚才引用的那项医学研究的结果显示，种族和收入与健康水平密不可分。从起点开始说起，医疗从业者会因为偏见而选择不在某些社区开设诊所，从而导致这些地区缺乏医疗设施，给当地居民造成不利影响。当然，很多营业场所也是如此。某个特定社区的居民是否能买到新鲜食品？他们是否生活在“食品沙漠”中？根据美国农业部的定义，食品沙漠是指“无法获得买得起的新鲜、健康食品的城市街区和小镇”。[21] 社会经济地位在多大程度上限制了人们请假治病或是在必要时照顾孩子或老人的能力？他们有健康保险吗？如果他们有健康保险，保险的质量如何？他们在生活中能够使用健身设施或参加其他健身活动吗？（如果要做两份工作来抚养三个孩子和年迈的母亲，你就很难有时间上普拉提课！）他们需要的信息是否能用他们可以理解的语言表示？

这些问题以及很多其他相关问题，都可能对一个家庭的整体健康产生深远影响，而其会受到偏见的极大影响。现在，让我们看一下偏见在一般就医过程中的每一步是如何体现的。我们先从一个普通的医院场景开始。

入院时，医院的工作人员是否意识到了自己对患者的偏见？患者的种族、性别、性取向、社会经济地位或语言能力是如何影响其接受的治疗的？如何影响医院工作人员对待他们的态度？如何影响医院工作人员的沟通方式？负责办理入院的工作人员对患者或患者家属没有任何假设或任何成见吗？当然，患者还可能遇到有关保险或缺少保险的难题。我们要记住，解释十分重要。

入院后，患者可能会与医师或其他专业人员见面，以确定他们的病情。大量研究表明，偏见会出现在患者与医生的交流中。在本书的开头，我讲到肥胖患者受到的对待不同于其他患者，这种偏见也会对其他患者群体产生影响。杜克大学医学院的医师，医学、商业管理和全球健康教授凯文·舒尔曼领导了一项大型研究，结果发表在了《新英格兰医学杂志》上。研究发现，当患者出现相同的主要症状时，与白人女性或有色人种相比，医生会给更多的白人男性做心导管插入。[22]多伦多大学进行了一项类似的研究，结果发现，与病情相同的男性相比，医生推荐女性进行膝关节置换的可能性要低得多。[23]

还有一项研究发现，将近1/3的女同性恋、男同性恋和双性恋者认为，医务人员会因为他们的性取向而对他们进行区别对待。这一数值在变性人中激增到了近75%。研究还表明，如果患者属于LGBTQ群体，医务人员更有可能认为他们的疾病与性相关。[24]此外，还有研究表明，这些行为与医生对某个特定群体的隐性偏见直接相关。研究人员发现，无意识偏见比明显的有意识偏见起着更大的作用。[25]

当然，除了偏见和刻板印象，文化差异在患者治疗过程中也起着重要作用。文化差异的表现千千万万，都少不了偏见的影响。此外，所有医患关系都会受到文化交流方式或信仰体系的影响。入院后，患者及其家人会受到什么样的对待？“直系亲属”在他们的文化中都包括谁？这个定义可能与医院的探视规定冲突。病房是否因为医院是宗教机构开办的而装饰着宗教标志，而患者信的并不是这种宗教？医院是否提供让患者觉得舒适的食物？

在治疗期间，医生是否知道患者对不同药物可能有不同的反应？患者是不是经常使用传统药物或民间偏方？医生发现这一点时会是什么反应？他们是否抵触民间偏方？

我们还要注意，在急救时尤为如此，不管是在事故现场、家庭急救现场，还是在医院的急诊室里。在这些患者及家属最害怕、医生最匆忙的时刻，偏见表现得尤其明显。

当然，医疗保健领域还存在着各种各样相互影响的因素。谁会被医学院录取？做研究的是谁？研究对象又是谁？医学院和教学医院的教职员工会如何对待学生？教师之间的互动如何？管理者如何与不同种族、不同性别的各类教职员工相处？当患者置身共享空间时，他们之间又是如何相处的？

我还可以举更多的例子，但我相信我说得已经很明白了。偏见以各种各样的方式影响着医疗体系。可以说，偏见会在人们最脆弱的时候现身，而在这一时刻，人们最无力承受偏见对他们以及他们心爱之人的影响。

政治

现在的美国政治四分五裂，几乎比过去 150 年中的任何时候都更严重，两党之争愈演愈烈，这极大地加剧了民众的分化。因此，我们有必要反思，我们在选择政治领导人时是否经过了深思熟虑。不幸的是，我们大多数人在选总统时都没有仔细思考。

想象一下，你在观看总统竞选辩论。一位候选人正在回答一个有关医疗的问题（或是其他任何问题），他给出了非常全面且合理的答案。另一位候选人对第一位候选人说：“你知道，你回答得很好。显然，你经过了深思熟虑。虽然我觉得总体来说我更适合当总统，但如果我当选，我还是会把你的想法纳入我的医疗计划中。”

你对这种说法会有何反应？媒体呢？专家会怎么说？政客又会怎么说？

我们大多数人可能认为，能说出这种话的候选人要么太过软弱，要么打算毁掉自己的政治生涯。即使他所代表的党派不发怒，媒体无疑也会将这样的回答称为“一个错误”。然而，从理性的角度来看，我们都会而且也应该支持这种开放的行为。

不过，理性与政治有关吗？理性思考与我们今天的选举有关吗？

正如我在前文所说的，除了内战期间，现在美国政治的两极分化处于历史上最严重的时候，这已经不是什么秘密了。

美国选举分析机构“库克政治报告”的戴维·沃瑟曼提供了有关两极分化的一个很好的例子。沃瑟曼分析了住在全食食品超市和饼干桶餐厅这两个美国著名企业附近的选民。[26]结果显示，这两个企业周围的社区历史上都是可靠的政治选区。全食食品超市一般位于支持自由派的社区，而饼干桶餐厅则位于支持保守派的社区。沃瑟曼研究了住在这两个企业附近的民众在1992年、2000年、2008年、2012年和2016年总统选举时的模式，他发现了一种十分有趣的趋势。

1992年，在时任总统乔治·W.布什和时任州长比尔·克林顿参加的总统竞选中，克林顿获得了全食食品超市附近60%的选票，而仅获得饼干桶餐厅附近选票的40%，两者相差了20%。8年后，时任副总统阿尔·戈尔与当时担任州长的乔治·W.布什参加总统竞选时，戈尔获得了全食食品超市附近58%的选票、饼干桶餐厅附近26%的选票，两者相差了32%。2008年，时任参议员贝拉克·奥巴马与约翰·麦凯恩竞选时，奥巴马获得了全食食品超市附近81%的选票，而他获得的饼干桶餐厅附近的选票仅为36%，两者相差45%！到2016年总统大选时，这一差距上升到了54%！很多美国人都住在政治上相互隔离的街区。

美国的政治板块正发生巨大变化，政治裂痕似乎每天都在变宽加深。这些裂痕甚至体现在美国人对超市和餐馆的选择上。

看到这种分裂的广度和深度，我们可能会问，这些问题现在是否比过去更紧迫。显然，我们所处的时代充满了挑战。但是，过去50年也同样充满了挑战，只是挑战不同而已。

举个例子，在越南战争期间，美国人对其在战争中是否处于有利地位这件事上存在严重分歧。尽管存在分歧，但还是有反战的共和党人，比如俄勒冈州参议员马克·哈特菲尔德，以及支持战争的共和党人，比如华盛顿州参议员、人称“斯库普”的亨利·杰克逊。当时的政党并不像如今这么要求“步调一致”。实际上，从历史上看，美国政党一直遵循钟形曲线。在中间的一大块区域，政治观点往往是跨越政党的。在21世纪的第二个10年，钟形曲线变成了“哑铃状曲线”，党派变得至高无上，中间区域正在消失，而且在很多情况下，几乎消失殆尽。

这一演变十分令人不安，人们因此会想，这对民主的未来意味着什么。做个简单的类比，在健康的人际关系中，我们有时会从自己的“摇摆不定”中解脱出来，以便看清关系本身。在那一刻，我们能够看到我们如何陷入了分化的争论，心里清楚我们必须为了双方的整体利益而重新对彼此进行定位。但在政治上，我们似乎已经失去了这么做的能力。

这样的局面并不好。

既然不好，又为什么会变成这样呢？当今的媒体环境可能会提供一些答案。

20 世纪五六十年代的时候，发布新闻的渠道相对比较单一。当时基本上只有 ABC（美国广播公司）、NBC（全国广播公司）和 CBS（哥伦比亚广播公司），而这三家广播公司的政治差异很小。实际上，新闻播报员故意不发表政治观点。此外，每天新闻仅占半个小时。社论比较出名，偶尔有之，但新闻播报员衡量新闻的标准大多依据的是他们的无党派立场。新闻的解释权留给了观众，他们也许还会受到偶尔刊登的报纸或杂志文章的影响。

当然，我们现在全天候受到各种新闻的轰炸，一般会选择自己习惯看的新闻电视台，所以看到的可能是已经预先编辑好的新闻。福克斯新闻的受众看到的新闻偏向保守党，而微软全国广播公司的新闻更偏向自由派。但更为重要的是，新闻与专家意见之间的界线实际上已经消失了。如今很少有记者（尤其是电视台记者）会完全保持客观。此外，我们还有大量的谈话类广播节目，更不用说呈爆炸式增长的推特、脸书、网络博客了。在这些社交平台，我们可以屏蔽或删除我们不认同的人。

当然，这种两极化的媒体环境给我们带来了挑战，我们可以轻易地从某个地方找到我们想要相信的信息，即使它是编造的。我们也可以给真实的信息贴上“假新闻”的标签，因为其对我们不利或者不是出自我们选择的新闻来源。

这就是我们今天所处的世界。不断涌入的信息推动着这个崇尚自我参照的世界，肯定了我们持有的强烈偏见。媒体行业也起到了助力的作用，其因为对党派情绪的反应和煽动而获得了丰厚的回报。书架上堆满的书和数字阅读器更是助长了这种两极分化的现象。在保守派一方，更具煽动性的书有比尔·奥赖利的《蠢货与爱国者》(*Pinheads and Patriots*)以及和安·库尔特的《恶魔》(*Demonic*)。此外，还有迈克尔·萨维奇的《自由主义是一种精神错乱》(*Liberalism Is a Disorder*)。迈克尔是一位煽动性很强的媒体人，曾一度被英国拒绝入境。当然，自由派一方的反应也如出一辙。基思·奥伯曼发表了《世界上最糟糕的人》(Worst Person in the World)，其中描述了他认为配得这一“荣誉”的人。参议员阿尔·弗兰肯的《拉什·林博是个大胖傻子》(*Rush Limbaugh Is a Big Fat Idiot*)、泰德·吕特尔的《共和党人说过的449句愚话》(*449 Stupid Things Republicans Have Said*)也几乎没有把这种政治争吵上升一个档次。

除了政治上日益加剧的两极分化，在过去几年中，各个党派的“暴民行动不断增多”。首先，“茶党”成为一个调动选民、候选人以及选举的政治品牌。此外，“占领运动”像野火一样在全世界蔓延，仅几个月就出现在了数百个城市中。同时，这些运动也受到了“网络化社会”的推动。再往近处说，支持唐纳德·特朗普，高举“让美国再次伟大”旗帜的人，以及给特朗普政府蒙上阴影的“反特朗普运动”也是同理。我记得在民权运动或反战集会流行的那个年代，我们会费力地油印传单，然后通宵把它们贴在电线杆上或是放在汽车的雨刷器下面。运气好的话，我们一晚能够发出去几千份传单。而现在，我们只需按一下“发送”按钮，就可以向成千上万甚至数百万人发送消息。

这些媒体报道和运动产生了什么影响呢？我们或许可以称其为“心理硬化”，也就是态度的强硬，这不仅会增加我们内心的正义感，而且会让我们更加认同自己的观点，使我们将持相反观点的人视为“异类”或“敌人”。一旦发生这种情况，我们的推理能力就会开始下降。身为人类，我们天生就会抵制违背我们最坚定信念的观点。伟大的经济学家约翰·肯尼思·加尔布雷思曾表达过这种观点。根据他的论述，大多数人如果坚信某个观点，面对反证时就会立刻反驳！

唐纳德·特朗普能够在这种环境下获得成功的一个原因是：他在如实地表现自己。正如在我前文所说的，希拉里·克林顿试图说服人们相信她的经验和计划从而为她投票。但是，人们不是这样投票的，而是根据自己对候选人的感觉投票的。出于各种原因，特朗普利用人们的内心反应，趁势入主白宫。

但是，为什么我们明明知道公正的态度无论对社会还是自己都更好，却还是那么容易动摇，去支持暴民行动呢？正如我在本书前面所写的，我们比以往任何时候都更加了解，我们对“归属感”的渴望如何催生了暴民心态。这就是为什么群体行为可以预测个人行为。一旦我们认同了某个群体（比如民主党、共和党、茶党、占领行动等），当我们与该群体的人在一起时，就会觉得更加自如。

实际上，大多数这样的决定并不是我们理性思维的结果，而是深受情感的影响。从人们对待 LGBTQ 群体的态度上，尤其可以看到这一点。2010 年 5 月，当军方的“不问，不说”政策仍悬而未决之时，CNN（美国有线电视新闻网）和民意研究公司进行了一项民意调查，询问民众是否应该允许男同性恋或女同性恋（gay or lesbian）在军队服役，78% 的人表示反对。[27] 后来，他们又问是否应该公开允许同性恋者（homosexual people）在军队服役，结果只有 67% 的人表示反对。换句话说，有 11% 的人也许不知道“男同性恋”（gay）是什么意思，更可能的是，“同性恋”（homosexual）一词比“男同性恋或女同性恋”引发了更少的负面情绪。至少可以说，这绝对不是什么理性行为！

经验和认同感为我们创造了一个滤镜，我们透过这个镜片来理解世界。根据我前文讨论的政治认同两极化，随着我们的政治认同更加坚定，我们的观点也更可能固定不变。我们一旦坚信自己是民主党人或共和党人，另一个党派就会变成“异类”，成为我们的威胁。我们会停止思考，完全依靠本能的反应。

如果我们知道大脑是如何运作的，这些行为就讲得通了。杏仁核是大脑的恐惧中心，会对威胁我们的信息做出反应。我们的默认机制是："异类"具有潜在危险。我们感觉受到威胁的程度与我们对自己群体的认同感相关。认同感越强，感觉受到对方威胁的可能性就越大。这种观察很快就会完成，接下来边缘系统开始介入，实际上它问我们这让我们想起了什么，以便使我们了解正在发生的事情，并做出相应的反应。我们已经做好了威胁到来的准备。举个例子，当大选到来时，有多少人真心准备认真倾听候选人讲话？没有多少人。大多数人甚至在不知道候选人要说什么之前，就准备认同自己支持的候选人的观点，而反对其他候选人的观点。

此外，我们对总统候选人的回应也存在各种各样的偏见。例如，在过去的一百年中，高个子候选人赢得大选的概率是70%！上一位身高低于平均水平的总统是威廉·麦金莱，那还是在1896年，媒体嘲笑他是个"小男孩儿"。但是，你知道奥巴马总统比麦凯恩高5英寸[①]的影响吗？抑或是唐纳德·特朗普比希拉里·克林顿高很多的影响？精算师可能会说这一数据很令人信服，会影响某些人，但其始终是隐形的。

大脑会帮助我们理解自己的所见所闻，但它只能在其已知范围内做到这一点。普林斯顿大学的教授查尔斯·C.巴柳二世和亚历山大·托多罗夫发现，我们会本能地根据容貌来选择

---

① 1英寸=2.54厘米。——编者注

候选人。[28]实际上，我们的反应既快速又具有戏剧性。巴柳和托多罗夫给受试者看了 2006 年美国参议员和州长竞选候选人的照片，时间不到一秒钟，然后要求他们对候选人的能力和可信度进行评分。他们选出胜选州长的比例为 68.6%，胜选参议员的比例为 72%。这些人只看了不到一秒钟照片，就做出了这样的选择！显然，这并非人们经过深思熟虑做出的选择，而是情感反应。

我们的政治观点颇受这种情感现象的影响。圣迭戈州立大学的研究人员蒂埃里·德沃斯和特拉维斯·加夫德以及芝加哥大学的黛比·马，测试了我们在无意识的情况下会如何将脑海中的美国人与现实中遇到的人联系起来。[29]他们首先比较了人们对两位女演员的反应。一位是出生于英国的女星凯特·温斯莱特，她出演过的著名电影包括《泰坦尼克号》和《朗读者》；另一位是出生在纽约皇后区的美籍华裔女星刘玉玲，她因出演各种电视剧和电影而出名，其中包括《甜心俏佳人》《福尔摩斯：基本演绎法》和《霹雳娇娃》。与美国本土出生的刘玉玲相比，更多的人"下意识地"认为英国白人温斯莱特"更像美国人"。研究人员随后对比了希拉里·克林顿、约翰·麦凯恩和贝拉克·奥巴马，并得出了相同的结论。实际上，许多受试者甚至认为英国前首相托尼·布莱尔都比奥巴马更像美国人！

还有很多其他研究表明，我们会受到各种因素的影响，这些因素我们并不了解或并未完全意识到。纽约大学心理学家乔纳森·海特确定了五个决定我们政治道德的因素，[30]它们是：我们对伤害或痛苦的感觉，我们对公平和公正的理解，我们的群体忠诚感，我们在层级结构中的位置，以及我们的纯洁感和圣洁感。事实证明，自由派倾向于给前两个因素赋予更高的价值，而保守派则更看重后三个因素。我们会对本能觉得重要的需求做出反应。实际上，这些感受无疑会影响我们看待世界的方式。

事实上，自由派和保守派看待世界的方式截然不同。内布拉斯加大学林肯分校的迈克尔·多德教授和约翰·希宾教授，在研究不同的人看照片的方式时发现了这一点。[31] 看照片时，保守派的眼睛会无意识地在令人不快的图像（比如车祸等）上多停留 15% 的时间。多德和希宾表示，这说明保守派比自由派更善于评估潜在的威胁。这与纽约大学约翰·约斯特的发现并无二致。约斯特发现，信奉保守主义的学生拥有更多的清洁用品和收纳用品，这说明他们更倾向于有组织有纪律，而信奉自由主义的学生往往拥有更多的书和与旅行相关的东西，他们注重的不是约束而是寻求创新。实际上，目前有很多经过业内专家评审的研究表明，自由派和保守派对所看到的世界的反应没有什么不同，但我们每个人看到的都是一个不同的世界！[32]

因此，问题归根结底在于，我们到底在多大程度上能够意识到偏见的存在？

虽然我本章写了法律体系、医疗体系和政治体系，但我也可以讲讲我们的教育制度、艺术，以及女性为什么会在科学、技术、工程、数学或者你可以想到的几乎所有领域面临艰难的处境。实际上，无论在哪儿，我们都可以看到各种决定层出不穷——聘用谁，解雇谁，晋升谁，把工作分给谁，如何做出每项人才管理决策，而这些都是在无意识的情况下做出的决定。

这就是我们的生活，充斥着各种各样的偏见。问题是，对此我们能做些什么？毫无疑问，我们永远都会有偏见，并且大多数偏见我们意识不到。下一章，我将介绍如何摆脱我们的偏见，以及如何更有效地应对偏见。

第七章

转变：神经可塑性

潜意识如果没有进入意识，它就会引导你的人生而成为你的命运。对任何事物而言，要改变它就要先接受它。谴责不会带来解放，只会带来压迫。

卡尔·荣格

如果你注意到了什么事，那么这会引导你发现更多的事。

玛丽·奥利弗，美国获奖诗人

如果你的思考方式和我的很像，那么你会觉得我目前引用的所有研究结果似乎都令人难以置信。我读了数百篇研究报告，本书提到了其中的一部分。我时常感到自己无法相信所看到的一切。用我公司一位客户的话来说，我意识到我不应该再相信我的所思所想了！

尽管他的话颇具诙谐意味，但确实有些道理。正如数学家和哲学家勒内·笛卡尔（用拉丁语）所说：“我思故我在。”在大多数情况下，我们所有人都会十分认同自己的想法。我们的想法和感受可能并不是“真实的”，而是通过各种经历自动植入大脑的，而且还会受到本书所讨论的心里所想与现实经历不一致的影响，这让我们很难理解。首先，我们很难以任何客观的方式看待运行中的大脑，因为我们这样做时使用的正是我们要看清楚的大脑！我们的思维模式很复杂，其目的就是证明我们正尝试探索的事物。但是，不得不问，我们可以相信自己的看法吗？

一想到我们不能相信自己的看法，就令人感到非常沮丧。大多数人都更喜欢确定性。如果知道世界就如我们所想的那样，我们会觉得很放心，但如果知道我们没有意识到的事情竟然会影响我们的想法，这一点可能会让我们觉得非常不安。这就是为什么当我们意识到自己受人操纵时会觉得不安的一个原因。但是，其实我们所有人都一直在被操控。

宣传广告通过往我们的大脑中注入想法和图像来影响我们的情感，同时利用不同的声音或颜色来影响我们的行为。美国的两大政党在竞选活动中会放置唤起人们内心反应的图像，这会对选民产生极大的影响。在 1964 年的总统大选中，林登·约翰逊投放了一个针对对手巴里·戈德华特的广告，画面里有一个正在采摘雏菊的女孩儿，随后一颗原子弹爆炸。这则广告显然是在影射戈德华特是个战争贩子。当时，这则广告让很多人义愤填膺。1988 年，乔治· W. 布什的竞选活动被指责使用了卑鄙的伎俩。当时，他在一则竞选广告中投放了一张威利·霍顿面目狰狞的照片。这名罪犯通过出狱休假计划在狱外犯下了新的暴力罪行，而布什的对手、马萨诸塞州州长迈克尔·杜卡基斯正是这项计划的支持者。尽管这两则广告都引起了轩然大波，但研究发现，它们确实对选民如何看待候选人产生了巨大影响。当然，在当前的政治领域，这种广告几乎可以算是温和的。

我们必须问这样一个问题：对于无意识偏见，我们能做些什么？我们注定一生都要这样盲目地徘徊吗？难道就让偏见待在那里，完好无损，掌控一切？归根结底，我们要知道无意识偏见是否可以消除。

这个问题并不好回答，而且存在争议。很多研究人员长期以来一直认为，因为无意识偏见或内隐偏见在我们很小的时候就产生了，并且往往是通过我们不知道的影响产生的，所以这种偏见几乎无法改变。我曾与全球各地各种组织的成千上万的员工接触过，我个人的经验以及最近的研究表明，尽管我们的偏见可能很难消除，但也许我们能够注意到其中的一些偏见。我们也许可以重新理解它们，或者至少阻止它们对我们的行为施加影响。

有时候，要想有效应对无意识偏见，方法很简单，那就是注意到偏见的存在。有一天早上，我站在厨房里，正准备去上班，妻子让我把垃圾倒了。现在，要明确一点，我在有意识的情况下是不反对倒垃圾的。但是，当时我很生气。不过，就在我恼火的同时，发生了一件有趣的事。当我系垃圾袋时，突然灵光乍现。我的烦恼暂停了，我发现我在问自己，为什么倒垃圾会让我生气。从表面上看，这当然不是什么深刻的想法。但是，可能因为我花了太多时间思考大脑的运作方式，我意识到自己在慢慢摆脱直觉的情感反应，开始转向深思熟虑。从本质上说，我已经从快思考转向了慢思考。为什么这么简单的一件小事会引起我的这种反应呢？思考之后，我得出了答案。我小时候，大约 7 岁左右，经常为了倒垃圾和妈妈争吵。而就在妻子让我倒垃圾的那一刻，在我的脑海中，我的妻子变成了我的母亲！当我意识到这一点时，我轻笑了一声，但更重要的是，我的整个心情都变了。至少在那一刻，我没有让大脑自动运转，我直面了我的偏见。

我讲这个故事并不是说我是有意识思考的典范。这个故事只是一个简单的例子，说明如果我们意识到思维的自动性，是可以把大脑“解放”出来的。

我生气的那一刻所发生的一切其实是“退行”的一个例子。有时候，某些事物会触发我们过去的记忆以及与此相关的感受。有时它并非是恶意的，就像让我倒垃圾那个简单要求所引发的反应一样。但如果某件事触发了创伤性记忆，那么反应则会更加强烈。当我们回忆起以前的那件事时，比如我倒垃圾的记忆，我们的情绪反应往往会和那件事最初发生时类似。

注意到这种退行现象，可能有助于我们发现，我们有时不是在对当前的事做出反应，而是表现出了某种模式化的反应或偏见。如果稍加留心，我们就可以感觉到自己是基于之前某件事引发的情感而做出的反应。即使我们无法回忆起究竟是哪件事，或者不知道自己触发了什么记忆，只要能感觉自己是在对过去的某件事做出反应，就有助于我们“不认同”这一反应，并为我们改变自己的反应提供一定的自由。我所说的“不认同”，是指我们把这种反应仅仅视为一种反应而非“真理”！

我们永远不可能摆脱所有偏见。正如我反复说的那样，偏见对人类来说就像呼吸一样自然。如何应对偏见？方法和开车差不多。我们可以踩下离合器，让车子挂上空挡。踩下离合器时，发动机并没有停止运行，但是至少在那一刻，发动机没有输出动力。当我们意识到自己有偏见时也是如此。偏见可能仍然存在，但至少在我们意识到的那一刻，我们有能力拒绝它对我们行为的控制。

尽管我们所处的社会文化十分强调“行动力”，但我们也要认识到“存在”的重要性，并将“意识”视为转变之源。我在前言中提到过贾斯汀·沃尔弗斯和约瑟夫·普赖斯做的一项研究，这项研究证明了 NBA 裁判的偏见。2014 年 2 月，这项研究的作者以及芝加哥大学布斯商学院的德温·波普共同发现，即使不采取任何有意识的行动，仅仅意识到这个问题也会带来重大变化。他们发现，在最初那项研究结束的三年中，这种偏见一直存在，但在 2007 年，这项研究受到媒体的广泛关注后，这种偏见几乎消失了。尽管 NBA 并未采取任何具体行动（比如并未讨论或改变裁判的培训内容或激励措施），但意识到并关注这个问题似乎足以引起重大的变化。仅仅注意到这一偏见似乎就改变了裁判的行为。

因此，我们要问的是，是否可以想些办法，使我们能够以这种方式解放大脑。我相信这是可以做到的，而且我在研讨会和客户的公司目睹了无数次这样的行为。人类具有很强的神经可塑性。神经可塑性是指大脑形成新的神经连接的能力，这种改变大脑结构的方式可以持续终生。在某些情况下，神经可塑性是由疾病或创伤引起的，这时大脑的某一部分会接管已经停止工作的部分。此外，我们文化中形成的新认识、新经验和新规范，神经可塑性也可能在这方面发挥了作用。当我们发现一种方式可以为我们面临的危机提供更积极的解释时，神经结构就会发生改变。事实证明，“老狗学不了新把戏”这句俗语不仅对狗来说不公平，而且也不适用于人。

神经可塑性可以在个体身上发挥作用，整个组织都可能感受到它的存在。想一想有关同性恋结婚权的文化对话。2004 年,《华盛顿邮报》和 ABC 新闻针对是否应该允许同性恋结婚进行了一项民意调查，结果显示大众反婚姻平权的情绪十分严重。共有 62% 的受访者表示，他们认为同性恋婚姻不应该得到法律的保护，只有 32% 的人认为应该得到保护。2013 年，两个机构又做了一次民意调查，问的还是相同的问题，但结果发生了很大改变。在第二次民意调查中，有 58% 的人支持婚姻平权，只有 36% 的人反对，支持者在 9 年内就增长了 26%！[1]

可能有很多因素导致了这种态度上的重大变化。不过，重点是我们关于婚姻平权的集体“神经通路”似乎在很短的时间内就得到了重塑。

想了解我们在用什么标准衡量无意识偏见的变化还是不太容易的。有一些很有效的测试机制，可以测试我们是否会在无意识的情况下对某些群体持有正面或负面的偏见。但是，正如我后面要讲到的，这些机制也并非没有挑战。有关改变偏见的逸闻也并不确定，因为这些故事虽然可以发挥强大的作用，能够触动人们的心弦，但解释者往往也会有明显或隐藏的偏见。

人们得出的结论当然是一个重要的指标，但是这些结论会受到太多变量的影响，而很难将这些变量归因于任何一种行为的变化。此外，必须对它们进行长时间的测量，才能确保其具有可持续性。

行为的改变也并非判断转变与否的一个可靠指标。想一想，你可以说出多少件事，你明明知道该如何去做，甚至可能经历了一些改变，但心里其实并不接受所需要的变化？我在前文举了一个我个人的例子，谈到了我一生中大部分时间都在与减肥做斗争。我增增减减的磅数加起来得有几百磅了。但是，即使在我很胖的时候，我也知道有关减肥的所有知识。这其实一点儿都不复杂——就是少吃多运动！我减肥失败的次数多得都记不清了，直到我意识到，减肥的关键不在于是否知道该怎么做，而是意识到自己为什么要吃那么多，这样才能减肥成功。我改变对饮食的看法后，才能长期保持健康的饮食习惯。

我觉得我们必须把所有因素（态度、行为和结果）综合起来，才能真正实现转变。我们必须确保人们获得所需的信息，了解他们正在处理的事情，然后清晰定义一系列行为，以帮助我们朝这个方向发展。我们还必须改变我们对偏见和差异的基本看法，清楚地意识到偏见给我们造成的情绪影响。就我的经验来说，综合行动会为彻底改变创造真正的可能性。

莉萨·T. 艾勒博士，加州大学圣迭戈分校医学院精神病学副教授、退伍军人精神疾病研究教育和临床中心临床研究心理学家

自从中学开始参加科学展以来，我就知道像我的父母一样，我注定要成为一名科学家。我从来没有犹豫或怀疑过，身为女性的我是否同样有资格进入这一领域。我获得了生物学和心理学的双学位，还拿到了临床心理学的博士学位，现在是精神病学副教授。我有很多能力出色、成绩斐然的女性同事和合作伙伴，她们每天都激励着我。因此，在我做了内隐关联测试，结果显示我倾向于将女性与人文学科联系起来，将男性与科学联系起来时，可以想象我是多么沮丧！怎么会这样呢？

后来，我了解到，与男性相比，女性反对女性的内隐偏见往往更为强烈，而且女科学家与科学实验室的男性主管一样，可能会低估女性申请者的能力。不过，想到与我身份背道而驰的文化信息竟然在我的内心深处如此根深蒂固，我还是觉得很沮丧。于是，我努力探寻我的无意识偏见是如何影响我的行为，以及如何影响我对待女实习生的方式的。在教职工会议上，我现在坚持坐在主桌旁，有时我会是桌子旁唯一的女性。在浏览申请表或拨款之前，我会想一想我崇拜的所有女科学家。当我为女实习生写推荐信时，我会先用男性的名字代替，并且注意我所用的形容词，要强调能力而非友善。我努力成为更多年轻女性的榜样，接受自己与他人交往的女性风格，同时并不隐藏自己作为母亲和学者的收获与挑战。我正在继续努力，我至少已经行动起来，在从事我所喜欢的工作的同时，抵抗社会期望所带来的深远影响。

当然，要想发现并应对无意识偏见，我们首先要从动机开始。我们必须明白，深思熟虑比评头论足更有意义，学会不让我们的自动假设和刻板印象控制我们的生活，这件事意义重大。对某些人来说，说起来容易做起来难。当我们属于优势群体的一员时尤其如此。作为优势群体的一员，我们可能不知道自己的偏见会对非优势群体的人产生多大影响。总体来说，我们面对的偏见似乎于我们有益，至少短期来看如此，所以我们想要转变的动力可能十分有限。

内隐歧视和偏见是我们所有决策的重要基础，它们会影响我们的感受，进而影响我们的行动。有时候，没有意识到它们的存在，会对我们的选择和决策产生不良影响，甚至造成极大危害。

归根结底，我们学习应对无意识偏见主要有两个动机。第一个动机是，我们希望有健康的人际关系、和谐的社区和组织，以及社会正义等因素。这些因素都很高尚，对大多数人来说似乎是有益的。但是，即使这些原因未能激励我们，我们还是应该做出更慎重的决定，这样我们就不会因为某个人让我们想起了四年级一起踢球的小孩儿而聘用他，不会因为销售员是某个种族的人而花更多的钱买车，也不会仅仅因为商店播放的背景音乐而购买一瓶酒。这样的决定不仅会伤害他人，也会让我们成为糟糕的决策者。在做出这样的决定时，我们还会因雇错人或买错东西而遭受轻重不一的后果，这些后果轻则让我们烦心，重则让我们后悔不已。

从本质上讲，对于我在本书中讨论的话题，大家都应该有一定的了解，或是接受过一定的培训，这一点很重要。了解潜意识对我们的影响以及有关思维的基本概念，我们有可能会意识到眼前发生的事情对我们来说存在未知的成分。这并不是说我们必须成为心理学家或神经科学家。不过，知道不应该相信自己的所有想法，这是管理偏见的一个很好的起点。因此，参加一些有关无意识偏见的培训会有所助益。

理海大学社会心理学家戈登·莫斯科维茨和亚利桑那大学社会心理学家杰夫·斯通研究了偏见对医疗决策的影响。这个问题极大地加剧了健康不平等现象，对非裔美国人和其他黑人，以及拉丁裔美国人、美洲原住民、女性和 LGBTQ 群体产生了负面影响。莫斯科维茨和斯通表示:“帮助专业医疗人员了解潜意识的讲习班或其他学习模式，能够教会他们一些技巧，使他们减少与少数群体患者沟通时产生偏见的概率。类似的技巧包括自动激活内心的平等主义、寻找共同身份和反刻板印象的信息、站在少数群体患者的角度思考。”[2]

一旦我们意识到了无意识偏见的影响，我们就可以采取一些可能改变现状的做法。我在这一领域工作了数十年，我发现有六个需要重点关注的方面可以帮助我们应对个人的偏见，它们是:

1. 认识到偏见是人生阅历的正常组成部分

第一点目前来说是最重要的。你有偏见，没错，我也有偏见。我们不能摆脱偏见，否认自己有偏见只会加大我们受其影响的概率。事实上，人们离不开偏见，它是我们基本生存机制的一部分。人人都有偏见。如果我们真的明白了这一点，就能理解他人以及我们自己。这意味着我们需要摒弃多元化工作一直面对的“好人/坏人”范式，承认我们作为人的本质。

如果你想简单检查一下自己的偏见，可以快速做个测试。不必担心你的回答政治正确与否，因为能看到答案的只有你一个人。拿出一张纸，写下你想到的不同群体(比如白人、黑人、拉丁裔、亚裔、男同性恋、女同性恋、变性者、青少年、老人、婴儿潮一代、律师、医生)，想写多长就写多长。

列好清单后，查看每一项，诚实地思考你对这个群体的人有什么看法。既要看到你对他们的正面偏见，也要看到你对他们的负面偏见。这样，你就会发现你的偏见了。你需要考虑一下你对他们有什么想法和情绪感受。你觉得和他们在一起舒服吗？有时，看照片也有一定的用处。显然，我们注意到的东西都是我们在有意识的情况下发现的，但由于它们不总出现在我们面前，因此我们注意到的东西往往会成为我们无意识行为的动机。

此外，还要记住，由于制度化了的偏见会对某些群体产生负面影响，他们在社会上肯定吃了更多苦头，比如有色人种、女性、LGBTQ 群体、残疾人等。同时，意识到这一点并不意味着我们每个人就没有要面对和解决的问题了。我是犹太人，我知道犹太人抱怨反犹太主义，但他们也会质疑其他种族。我知道非裔美国人反对种族主义，但他们也会质疑别人的性取向。我知道 LGBTQ 群体讨厌恐同症，但他们也会质疑外来移民。

你知道有谁会对其他人没有任何反应吗？如果你诚实回答，你就会知道，任何人对他人都有一定的反应。

当我们认为偏见会让我们成为坏人时，我们的内心会转向自我谴责、自我否定或是自我辩解，这些都会限制我们将自己完整、自然地展现在对方面前。内疚实际上是一种异常情绪，它会导致退缩和分离。想一想，如果有人让你感到内疚，你是更想还是更不想和那个人待在一起？感到内疚和承担责任之间存在重要的区别。我曾听人说过，内疚是因自己的所作所为而产生的感觉，而责任是因为想要成为某种人而肩负的使命。

负罪感和责任感之间的区别不仅在于理论上的道德差异或语言差异。这一区别还极大地影响了我们处理当前问题的方式。当感到内疚时，我们通常会觉得自己无能为力。我们会感觉受到了侵犯，原因可能是自己放弃了价值观，或者别人“让我们有了这样的感觉”。这就是我们经常把自己的内疚归因于他人的原因（“你为什么总是让我感到内疚?”）。内疚往往会引发防御、焦虑和羞耻。白人男性之所以强烈反对多元化和包容性，这就是其中的一个原因，有人说唐纳德·特朗普之所以能够上台，原因也在于此。白人男性在对别人的指责做出回应时，往往被迫因为自己不知道做了的事情而内疚，或因为自己没有意识到的从出生前甚至就开始享受的特权而内疚。我想明确一点，我并不是说白人男性没有做过伤害别人的事。相反，对很多白人男性而言，他们并没有意识到自己做出了这些行为。

另一方面，当我们对自己的行为负责时，我们就会赋予自己能力。我们会对自己和他人的盲点给予同情。从本质上说，我们“能够应对”当前的情况。我们会受到激励而成长、进步、改善自己，并改变我们的生活方式。我们有机会纠正错误并向前迈进，并希望这样可以改善当前的情况。这样一来，我们就可以撕掉“好人 / 坏人”的标签，作为人类的一分子和谐相处，同时努力弄明白如何与人相处。

同样，我还要明确一点：我绝对不是说不要理会那些带有明显敌意或偏见的人。对于这种行为，我们必须采取零容忍的态度。不过，有证据表明，在绝大多数情况下，偏见都是无意识的。面对那些不知道自己表现出偏见的人，如果我们对待他们的方式显示出他们有偏见，那么这不仅会让他们竖起防御之墙，还会让我们失去影响他们的能力，因为他们不知道我们的关注点是什么。

一旦我们知道了人人都有偏见，就应该想方设法找出自己的偏见。当我们不认为有偏见的人就是坏人时，就可以更从容地面对他们。有多种方法可以帮助我们识别个人偏见，其中一种就是本书前面提到的内隐关联测试。这是一项基于计算机的免费测试，你可以访问 https://implicit.harvard.edu/implicit/ 进行测试。这个网站上有几种不同的测试，可以用来比较你对不同群体的内隐态度（比如白人与黑人、男性与女性、基督教徒与犹太教徒）。测试结束后系统会给出反馈，说明你对哪个群体持有更积极或更消极的态度。

内隐关联测试的开发基础是一个名为“史楚普测试”的测试模型，该模型最初是由心理学家约翰·里德利·史楚普发明的，他是认知和干扰领域的研究先驱之一。史楚普测试基于这样一个概念：我们无意识建立关联的速度要比有意识建立关联的速度快得多。实际上，现代技术一次又一次地证明了史楚普是对的。例如，有意识的大脑大约需要 300 毫秒来处理一个图像。但是，我们使用 fMRI（功能性磁共振成像）机器观察大脑时，会发现无意识的反应要快得多，大约只要 80 毫秒。这意味着我们的大脑在有意识地注意到某件事之前，潜意识可能已经做出了反应。

在经典的史楚普测试中，研究人员会让受试者看一些随机的字母组合，它们分别用不同颜色打印出来，参与者需要快速说出他们看到了什么颜色。随后，研究人员让受试者看第二组单词，受试者也要说出单词的颜色，不过这次是与颜色相关的单词，但打印的颜色却与字面意思不同（比如，用绿色打印的单词“红色”）。显然，受试者在做出回应时会略有迟疑，这也使得第二次测试比第一次要慢。潜意识自然会对单词“红色”做出回应，因为我们已经习惯于看见字就读。有意识的大脑会犹豫一下，然后才意识到应该说“绿色”。

在内隐关联测试中，受试者会看到人物图像以及相关的词语。大脑会无意识地迅速将这些词语与图像联系起来。它会将正面词语更快地与那些我们持有积极态度的人联系起来，将负面词语更快地与那些我们持有负面偏见的人联系起来。如果词语与我们的无意识偏见不符，我们的反应会稍慢一些，这项测试可以通过测量回答时间来识别偏见。

已有数百项研究使用内隐关联测试来衡量偏见，因此它为无意识偏见的研究做出了巨大贡献。但是，这项测试并非没有批评者。内隐关联测试面临的大多数挑战都伴随一种警告，即测试结果可能不像研究人员所说的那样准确。有些研究人员辩称，内隐关联测试所测量的对象实际上尚不清楚。还有些批评者认为，实施测试的人可能会影响测试结果。举个例子，如果白人男性或非裔美国女性主持测试，受试者的回答可能会略有不同。还有人指出，测试可能会受到当时环境的影响。例如，2001 年 9 月 11 日之后，人们对穆斯林的负面反应明显上升；贝拉克·奥巴马就职总统后，对非裔美国人的负面反应相应下降（尽管此后不久又回到了以前的水平）。此外，很多人发现，在不同时间做这项测试也会得到不同的结果。

我的个人经验是，这项测试如果当作探索盲点的指示器是非常有价值的。从这个方面说，它极大地提高了我们研究无意识偏见的影响的能力。危险往往不在于测试本身，而在于它的使用方式。比如说，我甚至听说有人建议把内隐关联测试作为员工面试的一部分。对我来说，这真是一个非常糟糕的主意。我之所以这样说，是因为内隐关联测试是用来衡量内隐关联的，并不一定可以用来衡量行为。正如我在本章前面讲到的，很多人的测试结果显示，他们对其他群体的成员持有偏见，尤其是那些历史上一直被打上消极刻板印象烙印的非优势群体。关键不是把测试结果当作“灵魂的成绩单”，而是作为一条有用的建议，让我们对无意识偏见有所了解。

近年来出现了许多其他工具，可以让我们意识到我们存在哪些无意识偏见。英国心理学家皮特·琼斯发明了一种名为“Implicitly”的工具，据说这是第一个有关无意识偏见的商业在线测试工具，可以衡量一个人在工作中出现偏见行为的风险，并且结果十分可靠。此外，美国心理学家海伦·特恩布尔发明了一项名为“Cognizant”的测试，据说这项测试也可以测量无意识偏见。但是，使用这些测试的关键是要将其用于探索而不是将其当作“成绩单”。

还有一种方法可以弄清楚自己的偏见，那就是了解自己的解读方式。我们每个人都有自己的解读方式，它是我们生活的组成部分，其中各种故事和经验汇集在一起，构成了我们看待和感受世界的方式。我们的解读方式相当于背景过滤器，遇到事情我们就用它来处理。这就创造了一种感知身份，我们可以通过它来看待整个世界。[3]

我们的感知身份相当于一个镜片，它主要受到四大方面的影响。第一个方面是我们成长的一种或多种文化。我们受文化影响的程度超出了我们的想象，因为其中大部分影响都是在我们学会说话之前产生的。甚至在还是婴儿的时候，我们就能看到、感到、嗅到、听到，总的来说，就是意识到什么是“对的”，什么是“错的”。我们还会看到这样的事发生在像我们这样的人身上，因此我们又有了一个基于群体身份的镜片。举个例子，女性在晚上独自一人走在外面时，会担心自己成为强奸或性暴力犯罪的受害者，因为同样的事情曾发生在其他女性身上。我们天生就倾向于把这样的事情与我们自己联系在一起（还记得镜像神经元吧！），从而让这些担忧成为我们内心的一部分。一生中，我们还会有无数次塑造感知镜片的经历，还会加入各种不同的组织。这些都极大地影响了我们所看到的东西以及我们对所见的反应。

当反思自己的解读方式时，我们常常发现自己利用过去的某些元素构建了一个完整的框架。当然，我们面临的挑战是，无论我们以为自己记得多么“清楚”，我们的记忆都不像想象的那样准确。实际上，记忆是非常具有选择性的，我们经常根据有限的信息对事情进行评估。

要找到对不同的人的解读方式源自哪里，这一点很重要。我们离偏见的根源越近，就越能创造出新的消除偏见的解读方式。之前我讲过一位非裔美国女性的故事，她的父母告诉她“必须付出白人双倍的努力”，这就是一个很好的例子。当她重新定义自己的解读方式以后，她有了极大的自由去做自己，并欣赏自己。

弗吉尼亚大学心理学教授蒂莫西·威尔逊对此进行了广泛的研究。[4]他发现人们可以通过接触其他解读方式来“改变”自己潜意识中的一些想法。例如，如果一个人对某个种族有着根深蒂固的负面偏见，那么他可以看看其他跨越了种族鸿沟的人，或是读读相关的故事，看看这些人是如何生活、工作、彼此相爱的，这样便可以改变自己对该群体的偏见。在生活中遇到类似挑战的人，可以通过与其他战胜了此类挑战的人接触，以改变自己应对挑战的态度。

对改变我们的解读方式而言，这种方法远比我们通常采用的基于恐吓的方法更为成功。一个很好的例子可以证明这一点。20 世纪 70 年代，很多少年管教项目推出了“少年监狱体验计划”，其基础是新泽西州罗威州立监狱最初推出的一项计划。在这项计划中，青少年会与已经定罪的罪犯见面，罪犯会告诉他们监狱生活有多么恐怖，从而把他们吓回正轨。在某种程度上，这种反面的威慑有一定道理。唯一的问题是它根本不管用。[5]实际的结果表明，在参加了“少年监狱体验计划”后，反而有更多青少年触犯了法律。他们在罪犯的愤怒中看到了力量，似乎也因此受到了激励，虽然从某种程度上说，产生这样的后果很令人奇怪。罪犯成了学生潜意识中的榜样，学生内心的解读变为“也许我也应该如此尝试一番”。

优势群体（比如白人男性）的成员在参加多元化计划时也是一样。他们会面对其他群体（比如白人女性或有色人种）的愤怒，接受这些群体的人因为优势群体而遭受伤害、中伤或虐待的指责。这种方法曾是很多多元化培训计划的基本组成部分，现在仍在以更微妙的形式使用。释放愤怒也许是可以理解的，其对宣泄者的影响可能非常强大。但是，对优势群体的成员实际上可能会起到反作用，因为这会使他们感到自己与非优势群体的成员更加不同，从而更加害怕非优势群体的成员，给予这些人更少的同情。实际上，人们在研究了减少无意识偏见的方法之后得出的结论是，这是目前最无效的方法之一！[6]

关键在于我们是否愿意探索自己的个人叙事。如果你对这种自我探索感兴趣，或许可以问自己几个简单的问题：

- 你从自己所属的文化中学到了哪些影响你当前价值观和行为的东西？这与别人可能学到的东西有什么不同？这些差异对你和他人的关系有什么影响？
- 你在什么时候觉得自己与周围的人“不同”？这让你有什么感觉？它会对你的行为产生什么影响？
- 你所属的哪些组织对你的价值观和行为产生了影响（比如宗教机构、童子军、学校、俱乐部）？

当我们不再因自己有偏见而批评自己时，当我们开始自我探索时，我们可能会有一段颇具启发性的经历。

我们的自我部分不是永恒不变的。它受到我们当前的解读方式以及亲身体验的影响，在不断变化与发展。持续一生的个人叙事是可以被改写的。我永远不会忘记在讲习班听别人讲过的一个故事：

我小时候棒球打得特别好。一直到大学，我都没有停止打棒球，棒球在我的高中生活中扮演的角色尤为重要。当时，我是我们棒球队最好的球员之一。曾经有一件让我很难过的事，那就是父亲从未看过我打球。我出生时，父亲的年纪比较大了，他是个移民，有因循守旧的特质。我们从未谈论过这件事，因为他似乎一直都在工作。我上大学时，父亲去世了。几年后，我回去参加第15届高中同学聚会。之前的棒球教练在我心里是一位真正的导师，当时他还在学校上班，所以我去找他聊了聊。我们说了一会儿话，然后他问我父母身体怎么样。我告诉他父亲已经去世（母亲还活着）。教练说："太遗憾了，他真是个好人。"我有些诧异。在我的印象里，教练根本没有见过我父亲。我很纳闷儿，没有再说什么。但是第二天早上，我给母亲打了电话，告诉了她昨天发生的事。她沉默了一会儿，然后告诉了我一些我不知道的事。其实，我父亲对自己的"土气"非常敏感，他害怕我和我的妹妹因为他而感到尴尬。他不想在我打球时影响我，所以会在看台后面观看我的比赛。他几乎从未错过任何一场比赛。比赛结束后我洗澡的时候，他有时会溜进休息室跟教练谈几句。这一切我从来都不知道。起初，我觉得非常难过，但随着时间的流逝，我看到了这件事的本质，那就是父亲对儿子深深的爱。我这一生与父亲的关系发生了变化。虽然他已经不在世上了，但我们还是有了全新的父子关系！

2. 锻炼自我观察的能力

要想提高我们的能力，“去观察行动中的自己”，我们必须努力锻炼自我观察的能力，或者用我的朋友和同事迈克尔·席塞尔的话来说：“将闪光灯打在自己身上。”我们一般都是在看外面的世界，很少会关注我们用来解释所见的那个“过滤器”。当观察自己时，我们会激活自己的元认知能力，激活前额叶皮质。我们会更加深思熟虑，有能力观察行动中的自己。

这样做时，我们不会像原来一样快速做出反应。我们的杏仁核实际上会略微“放松”。我们对发生在自己身上的事说得越多，杏仁核就会变得越安静，我们被杏仁核的自动反应控制的可能性就越小。当与他人分享我们遇到的事时，我们的反应会进一步变弱。

因此，当我们有意识地观察自己时，就得到了踩离合器并“挂上空挡”的机会，我们不再认同通常支配我们思想的自动反应。

我们可以学习从不同的层面观察自己。在大多数情况下，我们会专注于行为，也就是我们的言行。我还讨论了人类的元认知能力，也就是人们观察自己思考的能力。根据我的经验，观察自己最有效的一个方法就是学会观察躯体反应，也就是我们的反应在身体上的表现。

在大多数情况下，我们的思想都不会集中于当下。它会受到当前所发生的事情的刺激，但是在大多数情况下，它很快就会参照过去的记忆。这段记忆会告诉我们如何解释正在发生的事，并将其置于某个情境中供我们处理，或者让我们对未来可能发生的事情产生恐惧。当我们被“触发”或对某事快速产生强烈的情感反应时尤其如此。我想说的是，如果你总表现得歇斯底里，那么你很可能过去就是这样的人。我们的偏见显然涉及这种反应的两个方面。过去的记忆使我们对正在交往的一个人或多个人持有某种态度，然后使我们对未来与这些人交往感到担忧。怎样才能更清晰地意识到这些思维方式呢？

过去几十年，人们对身心联系的认识更加深入。1975 年，美国麻省总医院本森 – 亨利身心医学研究所的创始人、心脏病学家赫伯特·本森出版了《放松反应》（*The Relaxation Response*）[7]，这本书将这一现象带入了公众视野。本森在这本书中解释了皮质醇在应激反应中所起的作用。

皮质醇，亦称氢化可的松，是人体在压力状态下释放的一种类固醇激素。皮质醇与肾上腺素等结合有助于创造短期情感记忆。这些记忆被称为“闪光灯记忆”或关键时刻的快照，因此我们能保留生动的记忆。想一想过去的重要时刻。2001 年 9 月 11 日纽约世贸中心遭到袭击时你在什么地方？如果你年纪更大一些的话，肯尼迪总统被暗杀时你在什么地方？这不难回忆，对不对？然而，尽管我们有能力留下生动的记忆，但要想记住几天前的事情却并不容易。

研究证明，皮质醇水平与社交恐惧反应、社交回避和社交焦虑症呈正相关，这些均可导致与恐惧有关的偏见。[8] 本森已经证明，各种正念和冥想练习实际上都会降低体内的皮质醇水平，使神经系统反应趋于平静。

你可以自己试一下。找一张某个人或某群人的照片，你和他们在一起时通常不会觉得特别自在。看看照片，然后观察一下你身体的哪一部分有了反应。是腹部不适还是喉咙发紧？是呼吸急促还是心跳加快？不用改变你观察到的任何感觉，只要注意到这种感觉就好了。然后闭眼 5 分钟（你可能需要设置一下计时器），深呼吸，把注意力集中在有反应的身体部位。时间到了以后，再看一下那张照片。一般来说，你对这些人的内心排斥会大大降低。

就这一点来说，各种形式的冥想或静思练习可能都会有所帮助。随着时间的流逝，这会使“喋喋不休”的大脑变得平静，让你感受到更深层次的宁静，经历更深刻的反思，从而减轻杏仁核对我们感知和行为的刺激，使前额叶区域有更多活动。在那个安静的地方，我们通常更容易“观察行动中的自己”，并相应调整我们的行为。

像生活中的许多事情一样，冥想和自我观察也是一种习惯，可以通过练习不断加强。很少有人第一次坐下来冥想时，就觉得这件事很简单。在大多数情况下，我们看到的都是繁忙的大脑，充满了判断、自我修正以及看似乏味的“喋喋不休”。我们越积极地锻炼自我观察和慢思考的能力，这种能力就会越强，我们自然也能越放松地审视自己。此外，我们要承认自己会受到所见的影响，这一点也很重要。如果我们能够做到不过于苛责自己，而是用心观察，那么摆脱我们内心的自动解读会容易得多。

3. 有建设性的不确定性

让大脑休息一下，这么做会抑制我们的压力－偏见反应，有助于我们对当前面临的状况有更清楚的认识。为此，我们必须营造“有建设性的不确定性”来应对无意识偏见，这种做法也非常重要。我知道“有建设性的不确定性”这个表达有些奇怪，但我的意思是，我们的文化非常热爱确定性。你有没有注意到，对自己观点最有把握（而非害怕展示自己观点）的人往往会赢得辩论？我们对深思熟虑没有太多的耐心。与花太多时间思考正确答案相比，快速得出错误答案似乎会让我们更快乐。

我们的偏见通常来自边缘系统快速做出的条件反射。因为其具有自动性，我们做这些反应时往往是自然而然的。要想进入深思熟虑的意识状态，要想让前额叶皮质参与元认知思维，我们需要停下来。存在主义心理学家罗洛·梅曾经说过：“人的自由包含我们在刺激与反应之间停顿的能力，以及在停顿期间，选择我们愿意支持的反应的能力。我们在这种自由的基础上创造自我的能力，与意识或自我意识是密不可分的。”[9]

因此，通过观察自己，我们可以评估自己所处的环境。我们可以用“PAUSE”（停顿）[10]一词来提醒自己。PAUSE在这里是一个首字母缩略词，P代表“注意”（Pay attention to），A代表“承认”（Acknowledge），U代表“了解”（Understand），S代表“寻找”（Seek），E代表“查看”（Examine）。具体如下：

- 注意判断和评估背后隐藏的东西。（Pay attention to）
  如果我们放慢脚步，仔细看看眼前的事情，可能就会把它与我们对它的解读区分开来。举个例子，假设有人和你握手比较轻。像很多美国人一样，你的内心是否会有反应，把这件事跟软弱联系起来？（“了无生气!”“冷酷无情!”）事实上，他们只是在握手时比大多数人用的劲儿少了点儿而已。剩下的就是你的解读了，这会把你带到下一步。
- 承认自己的假设。（Acknowledge）
  此时，你有机会把自己的假设视为一种解读。你可能会对自己说：“我知道，他和我轻轻握手时，我将其解释为软弱。”一旦你注意到了这种解读，你的意识水平就上升了一层。你赋予了自己罗洛·梅所说的那种自由。然后，你就可以进入第三步了。
- 了解自己的看法。（Understand）
  产生这种行为可能还有许多其他原因。就握手而言，那个人可能有不同的文化背景（因为世界上其他地方的大多数人握手都比美国人轻柔），他可能受伤了或是正处于康复阶段，或者可能患有关节炎，等等。你还可能用各种各样的理由解释自己的行为。也许这使你想起过去发生的某件事，抑或是这个人让你想起了某个人。思考这些可能性会让我们更加不认同自己最初的反应，并注意到实际的情况。

- 寻找不同的看法。(Seek)

这个人做出这种行为还有其他可能的原因吗？比如说，有没有你没有意识到的影响因素？史蒂芬·柯维在畅销书《高效能人士的七个习惯》中举了以下这个例子说明观点是如何改变我们的经历的：

我曾经体验过一次小小的思维转换。那是个周日的早晨，在纽约的地铁内，乘客都静静地坐着，或看报或沉思或小憩，眼前是一幅平静安详的画面。

这时候突然上来一名男子和几个小孩儿，孩子的吵闹声破坏了整个气氛。那名男子坐在我旁边，任凭他的孩子撒野，他仍旧无动于衷。孩子们你朝我喊，我朝你喊，他们扔东西，甚至抢夺别人的报纸。真的太闹腾了！不过，坐在我旁边的那名男子好像没看见一样。这很难不令人感到恼火。我简直无法相信他竟然视而不见，让他的孩子们到处疯跑而对其放任不管。这种情形任谁看了都会生气，全车的人似乎都十分不满，最后我终于忍无可忍并对他说：‘先生，你的孩子太闹了，可否请你管管他们？’

那个人抬起眼来看我，仿佛如梦初醒，他轻声说：

"是啊，我想我是该管管他们了。他们的母亲一小时前刚刚过世，我们刚从医院出来。我手足无措，孩子们大概也一样。"

你能想象我当时的感觉吗？我的思维转换了，看此事的角度也瞬间改变。我的想法、感觉和行为都变了。我怒气全消，不需要再克制自己的态度和行为，因为他的痛苦已经让我感同身受，同情与怜悯之情油然而生。"原来您的夫人刚刚过世？我感到很抱歉！您愿意和我谈谈吗？或者我能为您做些什么？"一切都变了。[11]

哪种做法才是最合理的？我应该根据自己对握手的最初反应判断对方是个软弱的人吗？还是应该在做出确定的评估之前再深入了解一下对方？还可能有什么其他的解释？我应该说什么？处理这种情况的最佳方法是什么？一旦你确定了自己面临的选择，就可以进行下一步了。

- 查看你的所有选择，并做出决定。（Examine）

  始终按照最合理的方式行事。

"有建设性的不确定性"实际上会让我们更好地思考。如果我们把关于很多事情的惊叹号变为问号，不要总是觉得自己需要充分的自信，那么我们的境况会好很多。实际上，有建设性的不确定性还有一点好处，它会让我们对其他人的想法和观点更加开放。如果你发现自己对正在处理的问题或情况十分有把握，就可以有一种合理的怀疑态度，这会非常有帮助。与危害很大的愤世嫉俗不同，怀疑会帮助我们看到自己在信心满满时可能错过的东西。当我碰到为自己将要开拓的新方向感到十分兴奋的团队时，我一般会让他们对计划保持怀疑态度，这样他们就不会因为被热情冲昏头脑而遗漏可能阻碍他们前进的障碍了。

我还想明确一点，我之所以提出“有建设性的不确定性”是有原因的。我并不提倡完全摒弃分析，或是长时间的过度自省。我只是说，停下来有助于我们深入思考，在一定程度上摆脱无意识的偏见。

4. 探索自己的尴尬或不适

还有一种应对个人偏见的方法，就是主动探索你在遇到某些人或某些情况时感到的尴尬或不适。抛开政治正确性不说，有时候我们会发现，某种类型的人会触发我们内心的不适感。在这些时候，我们的标准反应是“战或逃”——要么撤退，要么防御。这种情况对我们来说是宝贵的学习机会。如果我们有强烈的情感反应，那么恐惧会被激发，这通常是我们根据过去的经历做出的反应。在这些时刻，如果可能，我们可以通过问几个问题来更多地了解自己：

- 我是不是对正在发生的事情有所反应？抑或面前的人或处境对我构成了威胁？
- 是否需要立即采取行动？

- 这样的人或处境会对我的行为产生怎样的影响？
- 我应该和谁谈谈这种情况吗？

5. 与你可能不太了解的人或是你对其持有偏见的人交往

摆脱偏见的一个最有效的方法，是去接触那些我们对其持有偏见的人和群体。被称为种族关系“接触假说”之父的哈佛大学心理学家戈登·奥尔波特认为，在适当的情况下，冲突群体相互接触是减少偏见和刻板印象的有效途径。[12]

最近，弗吉尼亚大学社会心理学家卡尔文·赖和布莱恩·诺塞克，带领一个研究团队分析了 18 种不同的策略，看看哪种策略可以最有效地解决无意识偏见问题。[13] 他们发现，应对偏见的一些传统策略并不怎么管用。例如，竭尽全力让优势群体的成员了解非优势群体的困境，通常会使两者产生更大的隔阂。此外，正如我前文提到的，这还会降低他们对“外群体”的同理心。

卡尔文·赖和布莱恩·诺塞克的研究确实表明，要想重塑我们对某些群体的偏见，最有效的一种方法是让人们接触该群体的反刻板印象或是榜样。当我们看到这个群体中的成功人士，或是对我们有吸引力的人时，我们对他们的普遍消极偏见就会减少。比如，可以营造一种环境，用图片或手工艺品提醒我们某个群体的贡献。这也是为什么黑人历史月（2 月）、女性历史月（3 月）、LGBTQ 骄傲月（6 月）、西班牙裔传统月（9 月 15 日至 10 月 15 日）是有意义的，这些活动可以让人们看到一些反刻板印象。当然，如果每个月都定期让人们接触这些榜样就更有帮助了！

我们可以身体力行地做一些有助于消除刻板印象的事：在墙上和电脑上贴其他群体的照片，阅读并了解有关他们的故事，参加文化节，研究另一种文化中的故事和文学，等等。最重要的是，我们越了解非优势群体的真实情况，就越不会根据他们的模样（至少是他们在我们眼中的模样）来对待他们。

6. 获取反馈和数据

最后一个干预措施是获取反馈和数据。数据可能尤其重要，因为信息可以提示那些我们可能没有意识到的情况。举个例子，假设你是一名主管，你必须给 10 名员工写绩效评估报告，包括 5 名男性员工和 5 名女性员工。评估报告完成后，你会给他们进行排名。如果发现前 5 名中有 4 名女性，这是否意味着你对女性持有正面的偏见？不一定，但你至少应该想一想这个问题。

数据之所以很重要，还因为我们常常会根据努力的意义或是参与者的感受来判断努力的成败，而不是根据真实的结果来判断。我知道，并不是所有东西都能够用数据衡量，不过数据的确有助于我们检验自己工作的真实效果。我的一位客户制订了一项导师计划，专门帮助有色人种女律师和年轻律师适应其所在的文化环境。这个计划的初衷是好的，参与者也觉得很有价值。但数据显示，只有不到 30% 符合条件的人参加了这个计划，因为其他人担心，参与这个计划相当于承认他们不如白人男性律师。直到沟通方式和组织情况有所改变，这个计划才开始发挥作用。

要想经常获取此类数据和反馈，我们就必须想方设法在我们周围营造各种环境，让人们愿意并且能够参与这个活动。在下一章，我将“改变挡位”，探讨究竟应该建立什么样的结构，才能打造意识水平更高的组织。

第八章

意识孵化器：打造多元化组织

我曾希望历史可以快速向前发展，就像小孩儿往上拔植物，好让它长得更快一样。现在，我的想法变了，就像要学会创造一样，我们也要学会等待。我们必须耐心地播种，孜孜不倦地浇水，给植物成长的时间。正如不能愚弄植物一样，我们也不能愚弄历史。

瓦茨拉夫 · 哈维尔

如果组织结构不允许，那么必须更改。

保罗 · 弗雷勒

在这一章（提示：这章很长，不过我希望你会觉得内容有趣而且有用），我将介绍一些策略和方法，还会介绍一些例子，看看个人和群体应该如何提高所属组织的意识水平。不过，我们知道，个人和组织永远都无法完全摆脱无意识偏见。我们每个人都很容易受到偏见的影响，这些偏见中的大多数还可能变成组织中所有人的集体偏见，进而成为“我们的行事方式”。组织内部经常会出现几种形式的偏见，我们在工作过程中需要特别注意。

阻碍组织提高意识水平的一大问题是：人们总是依赖“过去的做事方式”。这种情况我称为“现状偏见”。年复一年地按照同一种方式做事，这在许多领域都可算得上一件好事，比如不改变世界上最好吃的土豆泥的做法。但是，对希望提高意识水平，让自己更具包容性、更有效率的组织来说，我们通常不建议其维持这种“稳定性”。这种情况是怎么形成的呢？我们通常不会一开始就致力于在组织内部达成一致，维持某种盲目的做法。这种一致是随着时间的推移逐渐形成的。

我敢肯定，读到这里的任何人都见过这样的群体。20 世纪五六十年代，社会心理学家做了大量实验，这些实验不仅证明了从众行为普遍存在，而且无一例外地表明人类具有“随大溜”的意愿。对大多数人来说，与群体保持一致更加简单，也更容易被社会接受。这并不是说没有例外。比如，有些人在他们所属的大多数群体中显然是一个局外人。这也并不是说某个个体完全没有某个特别的时刻来表达自己独特的勇气。但通常来说，群体一致性的影响力巨大，我们可能放弃更好的解决方案，选择大家都熟悉或流行的那种方法。

这种一成不变的做法没有什么用处，世界上最著名的交响乐团就是一个很好的例子。1970 年，妇女解放运动刚兴起，美国最好的交响乐团基本上由男性演奏者组成，包括波士顿交响乐团、克利夫兰交响乐团、费城交响乐团、纽约爱乐乐团和芝加哥交响乐团。我说基本上由男性演奏者组成，是因为当时乐团的女性演奏者仅占 5%。在旧金山、底特律、洛杉矶以及匹兹堡的重要乐团中，比例也是如此。甚至 10 年后，到了 1980 年，当妇女解放运动大大提高了人们对性别歧视的关注之后，美国也没有哪个乐团的女性演奏者比例会超过 12%。

不仅如此，大家也并不遮掩乐团演奏者以男性为主这一事实。以传奇人物祖宾·梅塔为例，他曾是洛杉矶爱乐乐团、纽约爱乐乐团、佛罗伦萨马吉奥音乐剧合唱团、慕尼黑巴伐利亚国家歌剧院的指挥，还是以色列爱乐乐团的终身音乐总监。他曾经说过："我就是认为女人不应该加入乐团。"[1] 从数据上看，他的观点得到了各地乐团的支持。

可喜的是，现状偏见是可以被改写的。自 1980 年以来，世界主要乐团中女性演奏者的人数大幅提高。从那时起，波士顿乐团和芝加哥乐团聘请的演奏者中有 35% 为女性。在纽约的乐团中，女性演奏者的比例已达 50%。总体而言，新聘用的女性人数增长了 30%，女性加入乐团的总人数增长了 25%。截至 2009 年，在美国最顶尖的乐团中，女性演奏者的平均占比接近 37%。[2]

究竟发生了什么呢？这是 20 世纪六七十年代妇女解放运动带来的变化吗？妇女运动提供了灵感，这是毫无疑问的，但真正的变化源自一定的行动。事实上，真正的原因是，乐团改变了选择和管理演奏者的"正常"做法。

20 世纪 70 年代以前，所有演奏者通常都是乐团的音乐总监选择的，指挥偶尔会参与其中。当然，几乎所有负责选拔的人都是男性。演奏者的申请方式通常是个人自荐、他人推荐或其他类似的方式。

但是，在激进的 20 世纪七八十年代，许多事情都发生了变化。首先，乐团开始扩大面试范围，解除了邀请的限制。各大乐团会在音乐家工会的通讯刊物及其他类似的出版物中刊登广告。每个乐团参加面试的人数从平均 20 人跃升至 100 多人。此外，参与面试的“听众”也增加了不少。当时，许多试听的听众都是乐团的成员，有时，还包括许多岗位的行政人员。

此外，乐团还做了一件事情。它们用屏幕将参与面试的演奏者与评委隔开，这样一来，评委只能听到乐曲，却看不到演奏者本人。演奏者都有各自的编号，面试时不会说出他们的名字。有时候，乐团甚至会给演奏者铺上地毯，这样他们在舞台上走动时不会透露任何信息。换句话说，这么做使评委只能纯粹评估音乐，而非演奏者的外貌。

两位经济学家对这一转变进行了广泛的研究，希望找出女演奏者人数增加的最重要因素。两位经济学家分别是哈佛大学经济学教授克洛迪娅·戈尔丁和普林斯顿大学伍德罗·威尔逊公共与国际事务学院院长塞西莉亚·劳斯。他们得出的结论是：采用盲选的面试方式可能是新员工中女性的比例增长 30%，以及乐团中女性演奏者的比例增长 25% 的原因。[3]

当然，性别偏见在世界上大多数乐团中仍然存在。全球知名交响乐团中由女性担任指挥的很少。老观念还没有完全消失。就在 2013 年 9 月，英国国家青年交响乐团和皇家利物浦爱乐乐团的首席指挥瓦西里·彼得连科还表示：“如果一位男士站在乐团面前，他们会表现得更好，因为如果是个可爱的女孩儿站在指挥台上，演奏者会想入非非。”他还说：“这样演奏者的性欲会降低，可以更多地专注于音乐。而且如果女指挥有家室，就很难达到这一领域所要求的专注度。”[4]

令人欣慰的是，这种言论已经越来越少，女演奏者的处境毫无疑问已经有了非常大的改善。促成这一变化的原因并非哪一项决定或政策，而是改变世代相传的几种不同的行为方式。公开的面试过程、多元化的评委、抹去面试者的姓名、盲选、给地板铺上地毯等，这一系列措施改变了乐团女性的构成比例。

正如我在本书前面详细讨论过的，我们是社会性动物，很多人都喜欢音乐，这也是我选择世界顶级乐团作为研究无意识性别偏见案例的原因。要改变我们的行为，尤其是无意识信念体系，是非常难的，只有进行互动——互动会给我们一面“镜子”，才能让我们更清楚地观察自己的行为。我们在生活和工作中所属的群体都有各自的价值体系和行为规范，它们会一直影响我们。这些群体还不断向我们传达各种潜意识信息，告诉我们什么是正常的，什么是对的或错的，什么是合适的，剩下的就由我们自己决定。我们往往可以自行证明自己的信念和行为是有道理的。当必须经常与他人互动时，我们就有了创建有意识的群体的机会，这可能会使我们拥有更健康的社群关系。

我说的是“可能”，因为正如我在前文所讨论的，群体的影响力可能覆盖两个方面。历史上有太多例子表明，负面的群体意识会造成恐惧。

不过，与我们共同工作、学习、祷告的人或我们加入的任何组织，都是帮助我们改变并维持新行为的最有力的社群。群体的支持有助于我们保持新的行为，即使我们仍然可能重蹈覆辙。这就是坚持参加“12 步”互助小组的人恢复成瘾行为的概率更低的原因之一。群体的支持有助于我们始终专注于现在和将来的目标。

但是，我们在群体中还要注意其他两种形式的偏见。首因偏见会使我们在与周围的人和环境相处的过程中产生一种不和谐的感觉。例如，如果一个人执行更重要的任务，那么人们往往认为他更聪明，即使被指派承担不那么重要任务的人实际上做得更好。一般来说，这会导致决策失误。当我们的精力被吸引到最新的挑战，而不是关注全局时，就会出现近因偏见。从整个社会来看，媒体会助长这种偏见。最新的报道决定了我们目前的激情和采取的行动。但是，真正的文化变革是靠长远的计划和不断的行动来实现的。

现在，让我们谈一谈大多数人除睡觉之外花费时间最多的地方：职场。与生活中的其他场合相比，我们在职场更可能遇到各种各样的人。因此，职场（交响乐团绝对属于职场）是探索如何减少无意识偏见的最佳实验室，特别是对管理人才的各种方式而言。要记住，我下面讨论的活动适用于任何组织，可以增强组织对偏见的意识，提高组织应对偏见的能力，从而降低偏见的影响。

人才管理对任何组织而言都是必不可少的。我们确定并选择要招的人，将员工带入组织，对其进行工作分配和评估，确定晋升目标，以及辞退人员的方式，这些都是可能成就或妨碍工作的决策。在做出这些决策时，无意识偏见发挥作用的机会很多。

根据我的经验，我发现很多组织活动在降低偏见的影响，鼓励有意识的决策方面非常有用，在本章的后半部分我会详细讨论。但是，为了不让这些活动仅仅停留在人们不会遵循的下一种“减肥方法”上，提高组织对这些活动的关注度就变得尤为重要。

爱氏晨曦战略创新中心研发副总裁保罗·科尔尼永

爱氏晨曦战略创新中心正从一家北欧公司向国际化公司转变。该中心拥有不同文化背景的员工和客户。因此，该中心希望拥有一个非常吸引人，同时极富挑战性的愿景，以及能够帮助公司成长的顶级专业人才。我们的多元化和包容性培训及意识项目启发了中心的领导者，使他们在工作中能够通过适当的选拔、授权和激励来鼓励员工。该中心不仅允许员工在日常工作中有所作为，而且还通过培养员工队伍，使每个项目都拥有最高效的团队，确保公司未来20年能够可持续发展。

我们在努力建立包容性组织的过程中时常会碰壁，我们善意的行动也可能产生意想不到的后果，从而限制我们达成所愿的能力。举个例子,为了减少攻击性行为,我们设计了一种“政治正确”的做法，就是劝说人们不要说或是做“错误”的事情，尤其是与种族相关的事情。这种做法的挑战在于，避免提及种族问题的意图虽然是好的，却限制了公开讨论问题的机会。因为我们把偏见妖魔化了，我们没有意识到存在偏见是正常的，所以只是提及某人的偏见就可能导致公众的羞辱或组织的报复。结果，应该讨论的事情反而被掩埋得更深。

为了使组织能够更全面地找出自己的偏见，并设计更具包容性的新策略，必须清楚地传达你将要做什么，以及为什么这么做。减少偏见的影响为什么可以促进组织内的公平，提高组织实现目标的能力？这与过去所做的事情有何不同？为什么这不是一个“陷阱游戏”，不会使当事人因为自己的反应或信念而遇到更多麻烦？

在明确传达意图之后，重要的是提供培训，帮助人们意识到并理解无意识偏见的模式，包括偏见可能普遍存在的领域、偏见对绩效的影响、减少偏见的方法，以及无意识偏见是如何对工作决策产生影响的。这种培训很重要，因为它有助于改变你或你的团队审时度势的思维。它可以让人们在发现自己的偏见时更放松，并为理解偏见创造一个新的环境。

觉察是件很有趣的事情，尽管其很难测量和校准。但觉察也许是意识进化中的最基本阶段。举个简单的例子，我们所有人可能都有过这样的经历：在公司或学校度过了极不顺利的一天，当这一天终于结束时，你精疲力尽、灰心丧气地往家里走去。和往常一样，你发现儿子或女儿，抑或爱人正在等你。通常，见到他们你会很高兴。但是，此刻你觉得很烦躁，所以和他们说话时也很不耐烦，虽然只有一点点，但你的孩子或爱人还是生气地去了另外一个房间，他们的感情受到了伤害。你平静下来后，停止了发泄，你觉察到自己刚刚是把白天的糟糕经历发泄到了无辜的家人身上。

这听起来是不是有点儿耳熟？也许你还没有孩子，对你来说，你的发泄对象可能是你的爱人、室友，甚至爱犬，但我猜几乎每个读到这里的人都明白我的意思。这种事情并不罕见，实际上，这是完全正常的。当我们体力不支时，我们大脑的“快思考”会接管一切，我们会不假思索地做出反应。

但是，足够幸运的话，事情是会有转机的。我们会在某个时刻停下来，对自己说：“等一等！我在做什么？我这一天过得不好，这并不是他们的错！”在那一刻，我们的觉察水平提高了，我们看到了自己的反应。而且，我们很多人往往还会做另外一件事：我们会去找家人道歉，坐在家人身旁，收起自己的自动反应，展现出更有意识的一面，与家人重新建立联系。我们会拍拍小狗，甚至会说：“非常抱歉，我今天过得很糟糕，我并不想拿你们出气的。”意识到这一点，我们就获得了一种新的能力，这使我们可以思考自己的行为，并以更适当的方式对其进行修改。

然而，即使最好的无意识偏见培训也无法做到一劳永逸。如果你像平常一样为人处世，最好的培训也不会产生太大影响。我想说的是，培训就像去健身房一样。去健身房本身无法使你拥有好的身材，但可以引导你朝正确的方向前进。

此外，即使最好的培训也不能完全改变人们的认识，但它可以作为改变意识的一个有力的起点。最重要的是，培训可以帮助人们改变他们对组内成员行为方式的看法。如果你不改变观念，世界上所有的策略就都不会起作用。

一旦人们对偏见有了基本的了解，就可以通过一系列方法提高自己的意识水平，其中包括持续的个人探索，观察自己及团队的运作方式，建立有助于减少日常偏见的新组织结构和制度。你还可以研究一下如何在外部世界表现自己（比如在客户、供应商面前或在市场营销、公共关系活动中），然后设立一些标准来判断你是否取得了进步。

当然，最重要的一个转变是使成员清楚，偏见会影响组织的每个决策。我们不要去想偏见“是否”会影响组织，而应该思考偏见“在哪些方面”产生了影响。乍一看，偏见似乎是负面的，但是要记住，偏见随处可见，唯一的问题就是我们是否愿意寻找它。这需要我们诚实地评估自己的处事方式。具体而言，我们要审视工作过程中的所有环节，以寻找隐藏的偏见，包括检查职位的发布信息和招聘广告、筛选简历的方式、面试过程和入职培训。此外，还有如何分配工作、如何指导工作并提供帮助、如何评估绩效、如何识别高绩效人才、如何决定提拔谁和解雇谁。

正如我们的个人行为体系由无意识的“快思考”反应支配，我们的组织也是由规范行为或文化基因支配的。因为我们处于这种环境中的时间太久了，所以这些规范行为已经成了难以改变的习惯。换句话说，我们觉得它们太“正常”了，所以从来不会对它们有任何质疑。有鉴于此，我们必须停下来，看看行动中的我们以及我们的组织。在这个过程中，我们可能经常发现，自己一直在做的某些事情，虽然全都出于最好的意图，但仍可能带来意想不到的负面影响。

我上一章提到的导师计划，就是一个好心带来负面影响的经典例子。这个计划的意图很好，但6个月后，公司的合伙人意识到有些不对劲。其中一位合伙人告诉我：“我们很纳闷儿，新员工中竟然只有不到1/3的人报名参加这个计划。”为什么他们不报名参加这项有助于他们成功的计划呢？

弹性工作制也是一样，这项制度原本是想要帮助有小孩儿的律师，允许他们只坐班工作75%的时间，以便他们能在工作的同时照顾家庭，但几乎没有人遵循这项制度。为什么呢？作为该制度的主要受益者，女性律师面临系统中的内在偏见。这种偏见是：如果她们没有按正常时间上班，她们就没有“认真对待自己的事业”。享受这个制度的男性律师也会受到嘲弄，别人会透露一些微妙或是并不那么微妙的信息（比如“哦，你现在是奶爸？”），人们会认为这些男性律师也没有认真对待自己的事业。

即使是最好的项目创意、行为或活动，如果其所在的环境轻视它们或是认为其对既定秩序造成了威胁，那么它们也会遭受失败，尤其是当组织的主流文化没有首先意识到问题的存在时。为了获得成功，我们必须弄清楚组织的潜意识是如何发挥作用的。

要想找出让组织始终按潜意识行事的某些隐性行为模式，我们可以采用员工调查、访谈、焦点小组和数据审查的方式进行匹配，并按照性别、年龄、种族、性取向、国籍搜索人口统计的偏见模式。此外，我们还可以对顾客、客户或患者进行满意度调查，并按主要人口统计因素细分结果。你可能想在部门、公司或行业内开展研究，以确定哪些地方存在偏见（比如，如果简历上的名字能够透露性别、种族或文化背景，那么具有相同教育背景和经验的人是否会得到同等的评价）。

有时，你还可以在离职员工中进行匿名调查，了解他们曾经面临的问题，想想你可以采取什么措施吸引他们回来（如果你希望他们回来）。他们鼓励还是劝阻潜在员工申请加入你的公司，他们鼓励还是劝阻潜在客户选择你的公司，这种做法也会很有帮助。

一旦你了解了组织中的某些偏见模式，就应该让组织中的所有人都知道，这些行为会影响组织达成目标，这一点很重要。这些偏见如何阻碍你聘用并留住最佳人才？它们是否在组织内部形成了一种文化，使组织无法发挥最大的潜力？它们是否正在阻碍你在市场上取得成功？

一旦组织上下基本都了解了为什么需要更重视有意识的决策过程，我们就可以采用很多方法来改变导致当前处境的做法，重新构建过程、系统和指标，时刻提醒我们做决策时要提高意识水平。其中有些方法可能需要重建我们的行为方式，很多方法都是可以产生大影响的小措施，因为它们是战略选择的结果，杠杆很高。

杰出的未来学家和发明家理查德·巴克敏斯特·富勒将这种重建行为称为“配平片”。配平片是一个小翼面，通常位于大型船只（或飞机）的方向舵边缘。由于船舵很大，在水中会产生很大的阻力，因此很难“转向”。配平片却小得多，移动起来比较省力。配平片移动时，方向舵会跟着移动，从而使船移动。它需要的力很小，但会产生较大的效果。

偏见在我们日常生活中产生影响的方式数不胜数。正如我前文说过的，其中最重要的一些方式（也会影响到大多数人）存在于人才管理流程的各个阶段。组织领导者对员工做出的决定可以成就或毁掉他们的工作、事业或生计。

在人才管理的每个阶段，要记住，我们的无意识偏见可能与有意识偏见截然不同，这一点非常重要。当我们放慢脚步，仔细找寻偏见时，我们的观察能力会增强。此外，尤其要注意结构性偏见。换句话说，人才管理流程的某一方面是否会让某个人而非另一个人受益?

举个例子，很多组织将社交和业余活动视为组织文化的一部分。但是，即使这些活动向所有想参加的人开放，活动本身也可能是排他的。观看体育赛事、加入公司或办公室的内部团队，甚至一起在周末做义工，这些活动可能会不知不觉地将那些不喜欢这些活动或家里有事的人排除。

我有一个企业客户——一家非常成功的高成长公司。自公司成立以来，几乎每个星期五下午，员工都会在离办公室几个街区远的一家当地餐馆和酒吧聚会，以这段“欢乐时光”结束一周的工作。这是公司文化的一个重要组成部分。酒吧是美国西部风格的，甚至还配备了一台斗牛机。公司没有“正式要求”谁来参加欢乐时光，但首席执行官每次都来，“真正具有团队精神的人”也从来不会错过。当然，并不是每个人都想参加。有些员工孩子还小，下班就想回家开启周末生活；有些女士觉得酒吧的环境让她们不太舒服；一位正在戒酒的人觉得待在酒吧不利于他的健康；还有一位非常虔诚的信徒，他觉得不应该身处这种环境中；一位员工是同性恋，他认为这种西部牛仔酒吧的气氛是反同性恋的；一位非裔员工表示，这里让他想起了家乡不欢迎黑人的隔离酒吧。

公司的邀请实际上并没有排他性。然而，许多人都觉得受到了排斥。

我并不是说我们必须根据“最小公分母”原则行事，只举办每个人都喜欢的活动。不过，我们在组织正式和非正式活动时有仔细思考过吗？对那些无意识中聚拢了一部分人而排斥了另一部分人的活动而言，我们是否尝试过对其加以协调呢？

另一方面，将不同群体的人召集在一起完成需要相互依赖的任务，可能会减少内隐偏见的影响。我敢肯定，我们所有人都听过这样的故事：在某种特殊的情况下，不同的人被召集在一起，比如参战的士兵、体育团队的成员或是即将迎来关键截止日期的商人，他们需要共同努力完成一件事。在此过程中，他们以前可能感受到的一些群体偏见会降低。当任务超出我们的能力范围时，我们必须学会依赖他人，这通常会使我们在看待事物时拥有崭新的眼光。

1971 年，埃利奥特·阿伦森在创建“拼图教室”时发现了这一点。[5]当时，阿伦森在得克萨斯州奥斯汀市刚刚废除种族隔离的学校工作，他发现那里的孩子们具有根深蒂固种族观念。他给不同小组的孩子分配了任务，这些任务需要孩子们相互配合才能完成。（比如有些人拿着一部分拼图，而另一些人拿着不同的拼图。如果不合作，他们就无法完成拼图。）当面临的处境要求我们撇开自己关注大局时，我们的求生欲望就会迫使我们接纳他人。当社区遭受创伤的时候，这种情况就会出现，比如一场巨大的暴风雪会让邻里团结一心。

利用拼图理论或是建立像社区遭遇暴风雪时那样的工作团队，有利于打破组织内部各个团体之间的隔阂。创建需要大家共同努力的项目团队，有时会缓解人们的内在偏见，让他们看到别人的贡献。

如果你假设体系内存在偏见（因为只要有人的地方，就有偏见！），那么你应该经常问问自己和自己的团队：你们的决策是如何做出的？

做群体决策时应该询问的 8 个重要问题

令人鼓舞的是，与上一章谈到的个人决策一样，我们也可以做一些事情，使我们在做群体决策时意识更为清醒。我发现了 8 个应该时常询问的问题。将这些问题纳入决策过程，可以帮助你做出更有意识的决策——不管是人才管理决策还是其他决策。此外，我还提出了一些建议，告诉你可以根据自己的回答采取什么样的措施！我所说的 8 个问题如下：

1. 你的团队或组织中是否存在显而易见的特权或排斥模式（比如领导者都身材高大、某些岗位都是男性、员工只来自某些国家、员工只用某些名字）。

我们经常看到组织内的某个群体代表人数过多或代表人数不足，这可能是从整体上来说的，或是这种情况在某些岗位或级别上表现得很明显。此外，这种安排往往都有“颇具逻辑的解释”。比如：“他们都不申请”“在我们这个行业很少有像他们这样的人”“我们已经尽力了”。

我们很容易从这些否认的话中听出隐含的内疚感。但是，如果我们承认存在偏见，那么对整个组织而言又意味着什么呢？一旦我们消除了内疚感（尽管这并不是一件容易的事），我们就要面临一个任务。我们会去寻找真正的原因吗？也许答案并不在你的掌控范围内。但是，如果你不愿意探究所有可能的原因，而是站在“根本不关我们的事”这个角度做出解释，你就很难找到平衡点，也很难找到造成你所看到的结果的可能原因。之后，你可能要问一个问题：“我们的组织内部有哪些无意识偏见可能导致了这种结果？”

2. 我们是否有理由怀疑，提出建议的那个团队可能因为自身利益而产生了偏见？

团队和组织都是由个人组成的。我们每个人在生活的各个方面都会有一些出于自我保护和自我证明而产生的无意识思维模式。纽约州立大学布法罗分校的三位心理学家布雷特·W. 佩勒姆、马修·C. 米伦伯格和约翰·T. 琼斯将其称为“内隐自我主义”。他们发现“内隐自我主义”导致了一系列有趣的非理性行为。[6]

佩勒姆及其同事做了10项研究，评估人们对居住地和谋生方式所做的选择。所有研究均表明，我们的选择受到了自我意识的影响，这种影响既包括有意识的，也包括无意识的。其中5项研究表明，很多人会选择住在与自己名字相似的地方（比如，“圣路易斯”有很多人叫“路易斯”）。另外一项研究表明，这种现象也适用于生日与城市名称的关系（比如，在明尼苏达州的图哈伯斯，很多人在某个月的第二天出生。图哈伯斯的英文为“Two Harbors”，字面意思是“两个港口”）。还有3项研究表明，很多人会选择和他们名字读音相近的职业（比如，牙医丹尼斯，丹尼斯与牙医的英文“Dentist”类似）。

我们清楚是什么促使我们做出了决定吗？

3. 就我们面对的问题而言，我们当时是否在最大的范围内探索了可能性？

通常来说，我们面对挑战时会直接跳到第一个或第二个解决方案，匆忙中尤其如此。只要有人说了什么可行的话，我们就会立刻采取行动。这可能是最快的决策，但并不一定是最佳决策。我们鼓励客户“通过对话找寻可能性”，以便在选择下一条路之前充分思考所有选项。为了有效地做到这一点，有一些关键因素我们必须要考虑：

- 指定某一段特定的时间，专门用来搜索所有可能的解决方案。集思广益，对所有想法敞开大门，而不对其进行判断或否定。历史上有些最好的想法起初都被视为愚蠢的。看一看下面这些人说过的话：

- “有谁愿意听演员们喋喋不休地讲话呢？”——华纳兄弟公司的哈里·M.华纳，1927年
- “明智且有责任心的妇女不会想去投票。”——美国总统格罗弗·克利夫兰，1905年
- “人类永远无法控制原子能的威力。”——诺贝尔物理学奖得主罗伯特·密立根，1923年
- “比空气重的飞行器是不可能被发明出来的。”——英国皇家科学学会主席开尔文勋爵，1895年
- “贝比·鲁斯放弃做投手是一大错误。”——名人堂球员特里斯·斯皮克，1921年
- 还有这句我喜欢的，“约翰，弹吉他没什么问题，但你永远不能靠它养活自己”。——约翰·列侬的阿姨咪咪

历史上充满了这种乍一看有理，后来却被证明完全没有道理的例子！

- 不要假定提出方案的人一定要负责实施方案！创新的最大阻碍因素之一就是这种担心：“如果我提出了一个创意，就必须负责实施！”
- 注意，不要让你的决定受到现状偏见、首因偏见或近因偏见的左右。
- 向本群体之外的人征求更多意见。在“通过对话找寻可能性”完成之前，不要决定采取哪种策略。

“通过对话找寻可能性”完成之后，你就可以选择最有意义的行动计划了。此外，情景规划也很重要。聘用或提拔此人可能会带来什么意想不到的后果？如果我们不这样做，那么会怎么样？如果你考虑了所有这些选项，那么成功的机会将会大大增加！

4. 小心群体思维：团队内部是否存在不同意见，它们是否经过了充分讨论？

群体思维是思想多元化的最大阻碍之一。我们已经知道，身份多元化和思想多元化之间存在一定的关系。[7] 通常来说，群体思维表现的是群体成员公认的偏见模式，这些偏见模式已经成为组织文化的一部分，也就是“我们的行事方式”。有时候，我们做出的群体决策可能正好印证了我们的某些偏见，它们甚至已经成了不成文的规定。还记得吧，我在第一章说过，我们把这些偏见称为“资格”。

在对话中将所有意见全部纳入或全部排除也可能是组织权力的一种体现（比如，一旦“老板”介入，就没有人会提出异议！）。有时候，这种权力表现为某些人非常自信或拥有固有特权，他们更有可能认为别人对他们所说的话感兴趣。此外，建立文化或性别规范可能会让某些人更愿意分享自己的想法，尤其是有冲突的想法。另外，可能还有其他认同问题。

要想摆脱群体思维，重要的是创建标准，这些标准所有人都同意，而且群体成员会对不同的观点敞开怀抱。比如，直接把群体成员聚集起来，广泛征集意见；用谨慎保密的方式让人们提出自己的想法；向群体之外的人征求意见。要记住，在群体思维特别严重的情况下，可以让某个人扮演“怀疑论者”，专门负责提问，比如“如果有证据证明这可能不是一个好主意，那么证据可能是什么呢”？这样做可能也会有所帮助。

5. 提出建议的人是不是过于支持这个建议？反对建议的人，对抗情绪是不是过于强烈？

我们倾向于认为自己是理性的，但我们常常发现，自己的决策会受到强烈情绪的控制。这种情况被称为“情感启发式”。情感启发式是一种快速的决策过程，通常由我们眼前的恐惧或担忧，抑或对即时满足的渴望所主导。在组织中，情感启发式可能会由“这对我有什么好处？”这一经典问题启动。是什么让我们如此支持这个决定？我们很难在内心深处找到这个问题的答案，因为我们的大脑通常会证明这个决定是“合理的”。在这种情况下，他人的反馈对我们来说非常有价值。

6. 过去某个相似的人或是某次相似的经历有没有可能过分影响你对当前的人或事的看法？

如果某个潜在的人选或新想法得到了强烈的支持或反对，这通常表明一个人，有时是一个群体，对当前的状况有着强烈的情绪反应。这种情况通常很容易发觉，因为人们的情绪可能会被“触发”，从而产生情绪反应。当某人因为当前的事情无意识地想起过去的经历，从而对当前的情况做出反应时，就会出现这种情况。我的一位客户给我讲了他的一次类似的经历：

我们当时正在面试一个应聘监督岗位的人，他似乎具备所有该岗位需要的资格。其他人都很喜欢他，但是我看他却觉得很不爽。在我看来，他似乎有些自鸣得意、骄傲自大。当天晚上，我和妻子说了这件事。直到那时，我才意识到问题所在。我知道他让我想起了某个人。突然我灵光乍现，发现他让我想起了我哥哥！我哥哥总是对我颐指气使，让我做这做那。他总是以为自己什么都知道。而这个面试的人和我哥哥在我身上引发的情绪反应一样！当我意识到这一点时，我大笑了起来！

检查一下是否存在这种喜欢和厌恶的情绪，这对你和其他人来说都是非常有帮助的。当发现自己有这种情绪时，我们一定要自问一下，这与当前的情况是否真的有关。当发现别人有这种情绪时，我们一定不要指责别人，以免触发其防御反应。

一定要弄清楚过去的哪次经历影响了我们当前的决定，仔细判断一下它们与当前情况的相关性。观察一下，存不存在“晕轮/尖角效应”。换句话说，我们对过去的人或事的“记忆”是否过于积极或是消极？一定要记住，记忆可能是经过选择的。“美好的往日”在当时看来可能并没有那么美好，而我们现在无法忍受的那个人可能在其他时候是我们的朋友甚至爱人。

如果处于没有任何过往的全新环境中，你会如何做出决定？这通常是值得考虑的一个问题。你可以自己想一想。

7. 你是否拥有做出最佳决定所需的所有信息？

我们在匆忙做决定的时候，常常会让偏见接管一切。比如，必须完成的工作或是必须决定的晋升名单通常会促使我们完成流程，从而加剧偏见的作用。在这种我们选择“相信直觉”的情况下，我们几乎百分之百会依靠无意识的情感信息。有时候，这种情况是不可避免的。不过，我们可以使用上一章中讲过的“停顿”（PAUSE）方法，它会很管用。

列清单也非常重要，你要确保所有正确信息都得到查验。可以问自己一个问题：“如果将来我们还要再次决定这种事，我们想要什么信息？”接下来，看看是否可以获得更多这样的信息。

8. 你知道你采用的信息来自哪里吗？你确定来源可靠吗？你清楚它证明了什么吗？

那些根据偏见做出的决定，最大的问题在于我们对信息过分依赖，有时候这些信息仅仅是粗略的信息。一般来说，这并不是我们自己的偏见，而是信息提供者的偏见。例如，我们会听信书面或口头推荐，而推荐人的偏见可能会影响我们。又或者我们找的推荐人有点儿沉默或低调，我们是否会认为他不如另外一个外向的推荐人那么热情？文化背景是会对我们解读信息造成影响的一个因素吗？

我们在需要做出决定时受到的最不利影响可能来自我们最信任的人。当我们信任的人给出有关一项人事调动的意见时，我们不太可能认为他存在偏见，但也许他们看到的某个场景影响了他们对这位员工的看法。

我有一位客户在一家专业的服务公司工作，他给我讲了一个故事（为了保护当事人的隐私，其中的名字做了更换）：

我们公司来了一名正在上大一的暑期实习律师，名叫玛吉。上班的第一天，她被分配给了资深律师拉里。当时，拉里正忙着写一份提案，需要做些调研，时间非常紧。所以，玛吉在什么都还不了解的时候，就开始帮拉里做研究了。她是公司的新手，所以干什么都很生疏，但鉴于当时的情况，她已经尽了最大的努力。拉里拿到了玛吉准备的材料，“一般般”。他回去按照自己的标准完成了工作。第二天，另一位资深律师比尔问拉里，玛吉做得如何。拉里仅仅回答了一句“一般般”，这并不是很高的认可。后来，一位顾问问比尔是否了解玛吉。当然，比尔说他听说玛吉“一般般”。一两个星期以后，公司里的每个人似乎都认为玛吉的表现一般。就因为她身处一种不公平的环境中，而后就有了一个有关她只是“一般般”的故事！

因此，由于我们很难发现自己的偏见，所以我们必须提防别人的偏见影响我们。这就要求我们一定要仔细核查信息来源，以确保在分析时没有偏见。另外，要尽可能寻找不同来源的数据。

这八个方面没有哪一个能保证万无一失，而且我们很难不间断地思考这些问题。但是，即使偶尔思考其中一些问题，也有助于你将意识带入团队决策过程。这样一来，你不仅会提高识别偏见、应对偏见的能力，而且还有可能做出更好的决策！

我们可以采用很多建立组织结构的方法，从而做出更慎重的决策。现在，让我们先看一个这样的例子。

BAE 系统公司：改变体系，获得成功

无意识偏见培训，即使循序渐进地进行，也会带来许多积极的变化。安德烈娅·刘易斯是我们的客户 BAE 系统公司的首席多元化官，我们来看一看她提供的证据：

> 我们公司的无意识偏见培训提高了领导层的认识，他们现在知道无意识偏见是如何影响决策过程的了，尤其是在人才决策方面。这种变化还体现在与业务相关的决策过程中，比如要拓展哪些业务，以及如何与客户建立关系。我们越来越了解“创造公平的竞争环境”的重要性，需要投入更多来支持我们的多元化培训，尤其是那些有关领导层的多元化。“无意识偏见”一词正成为我们语言的一部分，它赋予大家经历的合法性，并允许大家公开讨论他们的偏见及其影响。

刘易斯表示，BAE 系统公司正努力将偏见管理正式纳入他们的人才管理方案。他们正在设计谈话中要问的问题，将来要将其嵌入以下三个关键的流程中：

1. 准确衡量谁是高潜力人才（采用年度评估流程）
2. 校准接班人计划（为计划增添人选的年度流程）
3. 关键领导力发展计划（参与者选拔流程）

BAE 系统公司之所以开启这些流程，是因为这些流程中包括协调人参加的会议，领导层可以指导并对这种方法提出意见。他们向与会者提出的问题将有助于确定其在非正式场合可能有的一些普遍的偏见，以及应该如何抛开自己的观点，考虑其他观点。

这种努力还产生了一个结果：BAE 系统公司的领导层也变得更加多元化了。他们在追踪女性和有色人种在管理层中所占比例时发现，这两个群体所占比例总体趋势是上升的。实际上，他们为实现这一目标付出了很多努力，无意识偏见培训便是其中之一。刘易斯认为，从很多方面来讲，这一培训对公司极为重要。培训促使 BAE 系统公司的领导者更加重视多元化，他们愿意走出舒适区去寻找各种各样的员工。培训也让其他方法实施起来更加容易，比如提供多元化的候选人名单和面试小组。刘易斯认为，从长远来看，这些努力将帮助 BAE 系统公司实现创造平等和包容的目标。

此外，BAE 系统公司的全部努力也激励了许多支持多元化和应对无意识偏见的人。人们会在会议上质疑偏见的作用。对于他们正在寻找的候选人以及正在组建的团队，他们有了不同的看法。公司的一位负责人表示：“当我们雇错了人，或是忽视了干得很出色的员工时，我们能够在事后做出评估。”这些非正式的行动，正与前文描述的正式策略一同成为公司文化的一部分。当然，要想真正实现多元化和包容性是需要时间的。刘易斯说：“我们 BAE 系统公司从认识与教育开始，开启了新的旅程，这两点我们已经认识到了。我们还将不断加强这种认识，并对其加以利用，通过更多努力向转型迈进。”

BAE 系统公司的成果，任何地方的任何组织都可以复制。我们需要做的就是，不过多考虑如何继续按照过去一贯的方式做事，除非涉及我们最喜欢的土豆泥的做法。

结语

勇敢新世界　伟大新旅程

人生就像是一间客房，每天清晨都有新的客人来访。

喜悦、沮丧、卑鄙，某些意识瞬间到来，就像一个意外的访客。

欢迎并招待每一位客人！即使他们是一群悲伤之徒，来扫荡你的客房，将家具一扫而空。然而，你依然要照顾好每一位宾客，因为他或许会为你带来新的喜悦。

即使是阴暗的想法、羞耻和怨恨，你也要在门口笑脸相迎，邀请他们进来。

无论是谁都要心怀感激，因为他们中每一位都是远方派来指引你的向导。

波斯诗人贾拉勒丁 · 鲁米（英译自科尔曼 · 巴克斯）

人们经常问我，与过去相比，现在人们的偏见是不是更少了。这个问题并不好回答，尤其是在我们目前所处的时代。我们看到公然表达白人至上主义的愈演愈烈、反女权主义和反移民情绪的增加、“伊斯兰恐惧症”的出现，以及阻碍LGBTQ 群体获得权利的各种尝试。我们都知道，历史是很少呈线性发展的。通常，进步都是时续时断的，“前进两步，退后一步”的情况并不罕见。

从某种程度上说，我们在克服个人偏见方面取得了诸多进展。即使就目前的反应而言，公开表达种族和性别偏见或是厌恶同性恋的言论，也不像很多年前那么容易被人接受了。实际上，这种表达现在经常会引发强烈的负面反应。新闻报道中充斥着公众人物因冒犯性言论而遭到问责的故事，即使有些人看似对批评已经免疫了。然而，仍然有许多人不赞成反对偏见，他们将其比喻为“政治正确”。我认为，他们之所以这样做，是因为他们不理解表达偏见不像过去那样容易接受了，这正是有力的证据，表明我们关于差异的文化道德正在发生变化。

现在的年轻人所上的学校更加多元化，他们的世界观也不同于在正式或非正式的隔离学校长大的我们。随着美国同性婚姻合法化，我们也看到了身边的各种变化。而且，我们现在已经有过一位非裔美国总统，还有合格的女总统候选人。2020年民主党总统候选人来自各个群体，这也是明证。从表面上看，一切都在向前发展。

虽然反对偏见取得的进展是显而易见的，但偏见仍是我们日常生活的一部分。它可能不像以前那样关注相同的身份，但这并不意味着我们个人和集体的世界观中就没有偏见了。我小时候，几乎没有人谈论伊斯兰教，但现在“伊斯兰恐惧症”却很盛行。在美国，“共和党人”或“民主党人”曾代表看待世界的不同角度。现在，这种区分已经成为强化的群体身份了。不管是美国，还是在传统上以社会自由主义和开放性为荣的欧洲国家，民族主义都在兴起。原因是涌入的移民在外貌和行为上都与当地人不同，这让当地人感受到了威胁。跨国企业正努力学习如何有效地进行跨国和跨时区经营。每一天，我们生活的方方面面都因通信互联技术而改变，这是上一两代人不可想象的。

在通信规范不断变化的大背景下，新的前沿研究为我们提供了前所未有的机会，让我们更深入地了解人脑、思想和意识。正如我试图通过本书证明的那样，我们发现，每一天，偏见都以各种方式与我们同在。不仅与人类和多元化有关的领域存在偏见，我们生活中面临的每一个决定也都存在偏见。实际上，偏见是我们生活的基本方式之一。我们的决定几乎没有一个是在完全清醒的状态下做出的，我们如何面对这一事实？这一事实很令人不安，特别是那些喜欢将自己视为“自由思想家”、能够行使“自由意志”的人。当我们坐在这两点之间的幽静地带时，我们必须反思那些正在向我们招手的未来。

就我个人而言，我觉得自己对未来持十分乐观的态度，因为人类的互动与合作将不断扩展。我知道有时候情况并非如此，因为我们会接触到海量信息，听说各种事件或错误说法，以及各种有罪或无罪的人。但是，事实是不可否认的。如今，全球受教育人口比以前更多，而且教育不仅限于在当地的学校进行。年龄较小的孩子正通过网校接受教育（暂且不论这种方式的好坏)。还有诸如尼古拉斯·尼葛洛庞帝的“每个儿童一台笔记本电脑”计划(http://one.laptop.org)之类的项目,全世界各个村庄的儿童可以通过网络彼此相连。我们不断发现治疗疾病的新方法,从而改善了全球的医疗水平。我们还知道,当今因战争而死亡的人数比历史上任何时候都少。正如马丁·路德·金所说:“我们要懂得道义的苍穹长又长,但它终将落向正义。”这句话再恰当不过了。

尽管我们取得了这些进展,但现在还不是自鸣得意的时候。在取得这些进展的同时,我们古老的思维方式还在发挥作用,有可能阻挡我们向前迈出的每一步。即使无意识偏见这一话题已经在致力于解决多元性和包容性问题的人中广泛传播,但我还是看到这一新信息被纳入了同样的旧思维方式中。促进多元化的人会说:“你可能主观上没有偏见,但在无意识的情况下你还是会有偏见!”这仿佛揭露了受指责者所隐藏的邪恶。实际上,研究明确表明人人都有偏见,并且在绝大多数情况下,我们不知道自己有偏见。指责他人或是试图让别人因为每个人都有的东西而深感内疚,这实际上会让人们紧锁心门,拒绝考虑改变!

赋予我们新能力的科技可能同时带来新的挑战。因为互联网,我们可以与全世界的人进行交流。但是,互联网也为网络欺凌提供了平台。大众传播会导致信息的错误传达,而现在的信息传播速度比以往任何时候都快,范围也更广。

对我们来说,真正的问题是我们应该如何应对这一变化。改变原来的思维方式和生存方式就可以很快解决这个问题,就像我们在第二章看到达伦巴哈设计的那张奶牛的图片时一样。一旦大脑知道了那是一头奶牛，那么你想看不到它几乎都不可能，即使一分钟之前你无论如何都看不出来那是一头奶牛。范式的转变自然而然就发生了，几乎让人无法察觉。这种转变用不着进行计划或制定战略。但是，如果真的想知道这些有关思维和大脑的新认识教给了我们什么，并充分理解它们可能会在多大程度上改变我们的世界观，我们就需要在新的思维方式和生存方式方面做出更多的努力。实际上，用心改变我们看待事物的方式，比制订计划或选择要做的事情更为重要。当我们的焦点不再放在他人身上和外部世界，而是转向更好地理解我们的内心世界以及我们自己时，我们改变世界观的旅程就开始了。

托马斯·库恩的《科学革命的结构》是一本关于科学范式转变的书。在这一具有里程碑意义的著作中，托马斯·库恩写道："与其说接受新范式的科学家是诠释者，倒不如说他们是反戴眼镜的人。"他进而说道，矛盾和挑战"不是通过思虑和诠释终止的，而是通过像格式塔转换那种非结构化的、相对突然的事件终止的"。从这个意义上讲，采用一种新的范式或是新的思维方式并不像第一次看到达伦巴哈设计的那幅图那样简单，而是需要付出努力，并且除了接受"正常"或"舒适"的做法之外还有其他新的方法。实际上，接受新的范式、新的方法或新的思维方式可以让我们对周围的世界有一个全新的认识。

我认为，我们能否迎来一个勇敢的新世界，主要取决于我们提高意识的能力。在这本书中，我主要讲了潜意识如何影响我们与有异于我们的人打交道的能力。潜意识要求我们深入思考：我们是谁？是什么激励着我们？我们如何学会清晰地看待自己以及自己的行为？如何与他人一起以积极的方式生活？

从根本上讲，我们提高意识的能力取决于我们能否意识到恐惧对我们的影响。在许多方面，我们的生活受到的保护比以往任何时候都少。现在，我们接触的人更多，也更深入。公共领域和私人生活因为社交媒体而交织在一起。大脑中那个“是敌是友”的机制一直在影响我们。过去一直躲在角落里的充满敌意的局外人，如今可以在互联网上找到很多“同道中人”。2013 年首次播出的一则麦片广告（主角是一个混血家庭）引发了无数负面评论。同样，当一位印度裔美女获得“2014 年美国小姐”，一位非裔美国演员被选为新的“美国队长”，一名女性被选为新的“惊奇队长”时，很多人给出了负面的评价。[1] 政客们被比作希特勒或撒旦。各种各样的恐惧总是潜伏在那里，隐藏在表面之下。面对我们周围所有或好或坏的旋涡和埋伏，我们应该如何处理自己对“异类”的内在恐惧？

本书的核心就是要传达一条信息：如果你可以从某种程度上看到自己就是无意识偏见的化身，进而看到偏见对你的生活产生了多大影响，那么你将不会再被这些偏见禁锢。即使你注意到了自己的偏见，现在也不必再将自己视为偏见的化身。你不必再因此而被迫采取行动，也不必再因为内疚或羞愧而急于将偏见赶走。这时，你将有能力独立观察自己的偏见，正视它的存在……你的大脑将会把这种习得的思维模式视为

“真理”。当我们认同偏见时，偏见就会发挥作用。要想不被偏见支配，就要学会不认同自己的偏见。我们可以让自己意识到，我们并不是偏见的化身，以此让它们丧失力量。既然你可以看到它们，它们就不再是你了。从这个角度来讲，只要我们找到一种不因为偏见而采取行动的方法，偏见对我们而言就不再是什么严重或严肃的事情，而只是我们大脑中的一个回路，我们可以选择是否据此采取行动，而不是与之抗争或是屈服。仅仅看见偏见，让它们暴露在日光之下，我们就会拥有摆脱它们的能力。

但是，想有效地做到这一点，需要自我同情。这就要求我们宽恕自己，并知道我们内心深处存在一个自我。这个自我将成为我们道德和生存方式的核心——如果我们选择这样做。这个自我并不像我们想象的那样与他人离得很远。我们很难理解这一点，因为我们的世界观在很大程度上都是由“我们/他们”这一范式主宰的，生活告诉我们这一范式对我们的生存至关重要。我们的语言，不管是说出来的还是藏在心中的，都让我们以这种方式看待世界。因为我们的看、听、说都是以这种方式进行的，所以我们会更加坚定地保护和捍卫自己免受“异类”的伤害。我们越害怕“异类”，他们对我们构成的威胁就越大。从这个意义上讲，我们生活中的大多数挑战都来自这样一个事实：我们认为自己是独立于“异类”而存在的，我们和他们是彼此分开的。

我们沉溺于用两个对立的部分或原理来看待事物。但是，除此之外，也许我们还可以选择另外一种方式。这种沉溺实际上也许只是一种错觉。当我们学会对自己的偏见表示同情时，我们对偏见的防御就会减少，我们可以更清楚地认识偏见，更有能力不认同这些偏见。当我们锻炼出自我同情的能力时，就会显现惊人的一点：我们会自然而然地同情他人。当我们能够正视真正的自己时，我们也会如此对待他人。

很多人都看过美国成片的白杨树林，景色十分壮观。这些白杨树非比寻常，身姿挺拔，往往有30多米高。单单一片树林就可能有成千上万棵树。但是，我们的目光还是会停留在每一棵树上，看到它独自挺立。

但是，透过树林的表面，我还有一些有趣的发现。这些树根本不是独立存在的。在土壤之下，它们通过共同的根系彼此相连，这使得这些树成了地球上最大的生物的一部分。树的根系会发出纤匐枝，然后长成一棵树，新树就这样诞生了。其中最大的一片树林被称为“潘多”（“Pando”，拉丁语，意为“我伸展”），位于犹他州中南部的鱼湖国家森林公园。潘多占地超过106英亩[①]，估计重达7 000吨，是世界上最重的生物。据信，它已有8万多岁，因此也是世界上已知最古老的生物之一。

但是，我们还是会将其视为由一棵一棵的树组成的森林。

这些树可以说是我们人类的一个完美比喻。我们会把“异类”看作与我们分离的其他群体的人，我们会将别的群体视为威胁。然而，我们实际上是紧密相连的，在这个星球上

① 1英亩≈4 046.86平方米。——编者注

有着共同的命运；我们都会寻求快乐并尽力避免痛苦；我们都想给予子孙后代最好的东西；我们都是自己眼见的产物。而且，我们所有人多半都没有意识到影响自己思想和生活的那个“程序”。

我们可以超越。我们可以通过训练、实践和学习找到一种新的方法，这种方法既尊重我们的差异，又以我们的相似之处为基础。随着大规模毁灭的苗头在世界范围内日益显现，全球社区不断扩大。正如理查德·巴克敏斯特·富勒所说：“我们越来越清楚地认识到，我们无法成功操控地球号太空船，除非将其视为一整艘太空船，并将人类视为命运共同体，否则这种情况将持续更长时间——要么所有人都在，要么一个人也没有。”

这就是摆在我们面前的路。当我们回顾人类共同的历史时，这确实是一条“没什么人走过的路”。但是，这也是一条值得铺就的路。

还有什么旅程能比这更伟大呢?

附录

识别和应对人才管理偏见的 10 大方法

偏见对组织的最大影响可能体现在人才管理上。现在，让我们看一下人才管理系统的 10 个方面。在这 10 个方面，我们已经找到了识别和应对偏见的方法，并认识到这些方法大多可以应用于人才管理。我们一定要记住，在人才管理的过程中，偏见同时存在于双方，即负责评估或招聘的人会有考核者偏见，被评估者也会有自我考核偏见。

招聘

组织往往看不到招聘中存在的很多问题，因为招聘不在组织的日常结构之内，甚至不在工作场所进行。不过，如果能够找到最优秀的人才，就会对组织发展产生巨大影响。在招聘过程中，请想一想下面这些问题：

- 评估一下职位描述和招聘信息，看看其中是否存在偏见。

- 职位描述的写作方式是否体现了性别或文化模式的失衡（比如，用的是指代男性还是女性的代词；有没有可能存在受到文化影响的形容词，例如“高能力的”或“关系导向型的”）？
- 是否明确列出了工作标准？是否写明了胜任这项工作的条件，而不仅仅是首选条件？

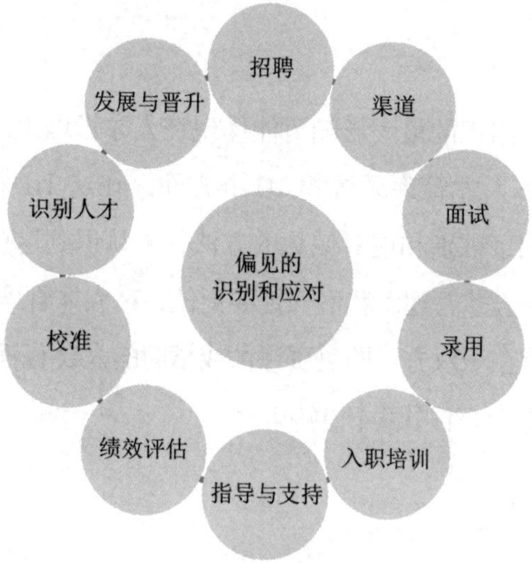

图A-1

- 要求应聘一份工作需要有某种资格是否会把招聘范围限制在某些人当中？比如，要求应聘者“性格外向”可能会把内向的人拒之门外。如果能达到同样的绩效，是否允许领导或员工具有不同寻常的个人风格？
- 是否能增加其他标准，以鼓励更多的人应聘？

- 组织提供的福利待遇是否会吸引某种应聘者？
- 招聘信息是否清晰列出了文化能力和包容性标准？（我有一位客户在公司的人力资源部挂了一个牌子，应聘者会在那里填写工作申请。牌子上写着：我们公司重视多元化和包容性。如果你不符合这一点，请不要填写申请，以免浪费你的时间以及我们的时间。）
- 尽量确保人际互动的一致性。例如，假如你要见两名候选人，一个约在办公室，另一个相约一起吃午餐，这样就会产生两种截然不同的环境影响。对很多人而言，一起吃饭会增强社交关系。但对某些人而言，这可能会让他们难以集中精力。如果有三位候选人，一个由你与其面对面进行面试，一个通过视频面试，一个通过电话面试，那么你可能同样在无意间创造了不公平的竞争环境。
- 确保所有招聘专员、面试官、招聘经理和主管都知道有关无意识偏见的重要概念，并在与潜在员工接触之前定期复习这些概念，这可以帮助他们更深刻地认识到自己的偏见。
- 让各种各样的人参与招聘过程。其中一种方法是利用组织的兴趣小组或员工资源小组。
- 你肯定希望应聘者具有很多优秀品质，但要小心提防任何不容置疑的判断模式。举个例子，很多组织只招某些大学的毕业生。这种招聘方式赋予了某些人巨大的优势，他们可能因为自己优越的社会经济地位、直系亲属中有校友，或是其他因素进入了这些学校，而其他人可能并不具备这些条件。此外，这种招聘方式还没有考虑到有天赋的人才可能拥有不同寻常的简历。还有，组织可能十分重视学生参加的课外活动，却没有意识到，学生参加课外活动可能会受到家庭状况、社会经济状况，甚至身体健康状况的影响。必须自己挣钱交学费或养家的学生，参加课外活动的机会可能会受到限制。

- 注意，你所设立的应聘者“标准”或“资格要求”中可能存在偏见。要记住，在大多数情况下，标准和资格只是我们所有人都同意执行的偏见。
- 一定要注意那些代表个人偏好而非工作能力的随意的标准。
- 注意应聘者给你留下的第一印象。一定要问自己：“为什么一看到这个人，我就很喜欢或是不喜欢?”如果你瞬间觉得喜欢或不喜欢某个人，几乎可以肯定地说，是他们让你想起了过去的某个人。否则，你怎么会在几秒钟的时间内就知道自己喜不喜欢他们？这与他们的工作能力有关吗？跟着自己的直觉走是可以的，但千万不要毫无疑问地相信自己的直觉！
- 跟踪招聘数据，寻找可能表明内隐偏见的模式。
- 如果应聘者询问组织中不同群体的占比情况，要学会合理地应答。举个例子，如果一个颇有才华的年轻人来应聘，他是有色人种。他的问题是：公司领导层有多少人是有色人种，如果你知道没有几个，就不要试图掩盖或是刻意美化现状。因为即使你成功吸引他加入了公司，他也会很快发现自己被骗了。直视他的眼睛，告诉他占比不大。告诉他关于这个问题，你们正在以何种方式解决。比如，你可以告诉他公司已经成立了多元化委员会，正在开展多元化培训，让员工知道整个体系内存在的无意识偏见。最重要的是，告诉他“我们需要像你这样有才华的年轻人，帮助我们成为一个具有包容性的组织，因为这正是我们的目标！”

渠道

去哪里寻找你想要招募的人才？很多人都没有意识到他们遗漏了一些重要的人才招聘渠道。你可以通过下面这些方法减少招聘渠道中的偏见：

- 为潜在的应聘者举办内部讨论会，他们可以在会上谈论自己的目标和成就，同时组织可以介绍其能够提供的机会。
- 举办校友活动，邀请之前的高绩效员工参加社交晚会。这样做可以吸引目标群体中有才能的人，这些人因为新的外部经验，可能会为组织创造更大的价值。
- 与支持特殊群体（比如残疾人）的组织建立关系。这些组织可能会帮你找到也许无法进入“主流”招聘渠道的人才。如果你决定招募这些人才，并将其聘为员工，那么这些组织还可能帮助你，使你了解如何让这些具有特殊需求的人与你所在的机构相适应。

- 调查当前使用的招聘机构。它们是否会推荐身份和经济因素各异的候选人？如果答案是否定的，你就需要到更广泛的领域中寻找候选人。
- 如果你利用猎头公司和其他类似的渠道帮你寻找人才，务必要监督他们的工作。与这样的资源方合作，有一点最具挑战性，那就是他们可能会专注于寻找“理想”候选人，而因为他们的偏见，有些人可能在你看到他们之前就被从名单中剔除了。此外，这些猎头公司还可能不遵守公平雇佣法律和准则。

面试

面试通常是我们与候选人的第一次深入交流。前面列出的很多方法可能也适用于面试过程。此外，还有一些方法可用：

- 在面试前把面试题目发给候选人。提前知道问题可以消除内向者或是具有不同文化背景的人的障碍。虽然这样做可能会削弱“快速思考者”的优势，但“善于思考”总比“快速思考”要好！
- 面试应聘者时不要分心。创造一个可以让你把精力集中在应聘者身上的环境，这样做可以避免过多的干扰，以免你区别对待不同的应聘者。留出一段不受打扰的时间。关闭电子邮件、短信和电话提醒，或是去另外一个房间。如果你有什么重要的事情要处理，至少在面试开始之前解决它，这样你才能集中精力。让候选人等你把事情处理完，比立即开启一场无法专心对待的面试要好得多。

- 有没有什么原因促使你淘汰某些候选人？握手较轻会让候选人失去资格吗？正如我前文提到的那个例子（我之所以再次使用它，因为这实在是一个很好的例子），据说亨利·福特与候选人共进晚餐时，不会聘用那些不尝一下食物就往里面加盐的人。这些奇怪的淘汰原因几乎肯定少不了偏见的作用。你怎么知道这个人是不是手受伤了或当时手有残疾？抑或他们的文化崇尚轻柔地握手（而你却认为这是软弱的表现）？注意不要把你个人的偏好与应聘者的潜在能力混为一谈。
- 在招聘过程的早期，尽可能去除“标识符”。研究表明，人们可能会受到各种标识符的强烈影响。为了检验这一说法，经济学家玛丽安娜·贝特兰德和希尔席尔·穆莱内森在相同的简历上分别使用了听起来像白人的名字（格雷格·贝克和艾米丽·沃尔什）以及听起来像黑人的名字（拉基沙·华盛顿和贾迈勒·琼斯）。他们发现，即使是招聘过程受到认可的公司，当简历上的名字听起来更像“白人”时，应聘者得到面试通知的次数也会增加 50%。[1]
- 让各种各样的人参与面试。一般来说，不同的人往往能察觉别人可能忽略的细节。应聘者与不同类型的人会产生不同的互动结果吗？第一次面试时如果与身份或性格不同的人面谈，他们会觉得自在吗？

- 当应聘者与你的团队成员共处一室时，团队成员应该尽量避免非正式的互动。他们是如何对待行政人员或后勤人员的？他们是不是对你是一个态度，对其他人却是完全不同的态度？
- 尽量保持面试地点和风格的一致性。比如，如果你在办公室面试一些人，而在午餐时面试另一些人，那么环境可能会在不知不觉中对面试结果产生影响。

面试之前准备好要使用的决策工具。在我们这个好打官司的社会，很难与一群人坐下来公开地问："当你查看这份简历时，是否注意到自己有什么偏见？"当然，我们也不建议这么做。但是，这么做是完全合适的，而且，在面试官查看简历或进行面试之前，花几分钟独自回答以下这些问题是非常有用的：

- 这个人有什么地方会让你想起别人吗？这种联想是正面的还是负面的？
- 简历上有没有什么信息会引起你的强烈反应？
- 候选人和你的经历有什么相似或不同之处吗？（比如你们上过同一所学校或是存在竞争关系的学校、喜欢某项运动、喜欢音乐、来自某个地方，或者会说某种语言。）

这对你有正面或负面影响吗？我的一个老朋友兼同事曾是一所著名大学的面试官。有一次，这所大学邀请了一名顾问研究面试官选拔新生的方式，他每次都能发现一个明显的模式。有位面试官喜欢音乐，一位职业为音乐人的候选人和他相处得比较好。还有一位面试官之前是运动员，她喜欢同为运动员的候选人。每个人都有各自喜欢的候选人“类型”。你喜欢哪个类型呢？

- 不管是安排协调问题还是个人问题，应聘者都可以向你提问。你表现得越真实，他们也就越有可能表现出真实的一面，而且你们表现出的偏见也更容易被发现。
- 注意自己在职业期望和成就上的偏见。比如，你怎么看待候选人的抱负？他们是雄心勃勃还是胸无大志？他们的抱负与你自己的抱负有什么关系？
- 尝试更深入地了解候选人的背景以及他们取得当前成就所走的独特之路。最大的迷思当属“精英体制”。我们以为所有数据集都是一样的，实则不然。这个候选人需要克服什么困难才能成为今天的样子？举个例子，某候选人是新近移民，英语是他的第二语言。与来自高收入家庭、能够得到几乎所有支持的人相比，他的成绩略低了一些。但从长远来看，这两个人中谁拥有更大的“上升空间”？
- 确保有充足的面试时间，以减弱第一印象效应。与我合作过的许多专业服务机构，尤其是律师事务所，会采用一种类似“闪电约会”的流程来面试应聘者，他们会与6到8位应聘者会面15分钟。对习惯主流文化的优势群体来说，这种与应聘者进行谈话的方式是极为有利的。延长面试时间往往可以很好地弱化这种潜在的不公平现象。

录用

现在，我们要回答那个终极问题了。你会聘用这个人吗？在回答之前，先考虑下面这些因素：

- 在查看简历阶段，你甚至在简历送达之前就要留意各种偏见模式。研究表明，为女性出具的推荐信一般较短，且更重视教学而非研究。推荐信中使用的盛赞之辞，比如“杰出的”或“高超的”，往往也较少。[2] 对出版物的评审也可能因偏见而歪曲。研究发现，同行评审给女性的分数低于拥有同等科研成果的男性。[3] 此外，人们能否做研究这一判断可能也是偏见的结果。兰德公司2005年的一项研究显示，女性获得联邦政府拨款的可能性仅是男性的63%。[4] 候选人过去的薪资结构是如何影响你的报价或是你聘用此人的意愿的？他们在你眼中是“大材小用”吗？
- 在对候选人的推荐人做出回应时，也要注意其中是否存在偏见。我并不是建议忽略这些推荐人。不过，如果我们不小心，我们的决定就可能受到别人的偏见影响。

- 与组织中负责招聘的人一起工作，并为他们提供培训，让他们意识到哪些价值观和行为尤其会引发偏见。在库克·罗斯公司，我们设计了一个模拟练习，将其称为“重要抉择™”，人事经理也会参加。在这项练习中，我们会分给小组成员 4 到 8 份不同的简历，并且附上一段关于应聘者个人的故事，这可能来自他们的推荐人。每份简历的图片、申请人的名字和人称代词都不相同，但参与练习的人不知道的是，这些简历和附带的故事中的其他内容是完全相同的。我们要求参与者确定他们聘用申请者的可能性（0 ~ 100%）有多大，结果显示，50%、60% 甚至 70% 的答案比比皆是。我们并没有看透世界的本质，我们总是站在自己的角度看世界！
- 召集不同背景的人成立招聘小组，但要确保这些小组的成员不会陷入群体思维，或是被特定的一个或多个人控制。
- 搜集有关录用的人口统计数据，并定期进行回顾。出现某种异常并不一定表示你的招聘过程存在偏见，但这绝对是一个危险信号，你应该着手调查。
- 注意接受或拒绝工作邀请的人是否存在某种偏见，并判断这是否说明你在面试过程中无意识地释放出了什么“情绪”。你可能还想对拒绝工作邀请的人进行后续采访，以了解是否可以在拒绝的原因中找出任何规律。

入职培训

如何让员工融入组织？这个问题经常被低估和误解。很多研究表明，大多数人会在加入组织的头三四个月决定是否将这份工作作为长期工作，在当今的职场尤为如此。但是，在我们提供咨询服务的很多组织中，人们甚至在新员工入职三四个月之后才开始关注他们。我们应该如何创建入职流程，尽可能让新员工拥有获得成功的平等机会呢？

- 强调员工入职最初几个月的重要性，并制定每个人都会参与的结构化入职流程。
- 新员工越是“不同于”组织的主流环境，你可能越需要特别注意观察他们融入组织文化的情况。不要过早对他们的表现做出假设。熟悉你们组织这种文化的人可能适应得比较快，但未必是最佳的长期员工。
- 提供文化和组织培训。大多数组织都有很多“不成文”的规则，有些人可能会发现这些规则，而有些人则根本不了解。尽可能清楚地解释未成文或未说明的文化规则。
- 初次分配任务和工作机会时一定要有系统性，而不是凭借自己的直觉。一般来说，新员工可能因为某种情况或是某人比较欣赏他而较早地展示出自己的能力，这可能会使另外一位有潜力的员工迟迟等不到展示自己才能的机会。如果你跟踪他们分到的工作项目，就可以避免这种情况发生。

- 注意有关新员工性格（“热情”）、能力和“是否合适”的第一印象。当有人说他们“不合适”时，这通常是一种个人的肤浅判断，并且可能导致对他们的轻视甚至使他们淘汰，而这些拥有不同观点的人可能正是组织所需要的！
- 如前所述，注意不要让他人的行为或偏见过多地影响你的看法。有时，他们的行为或偏见并不可靠。
- 有一种方法可以帮助新员工取得成功，那就是把他们与已经取得成绩的老员工编为一组，让老员工作为新员工的导师。已经取得成绩的老员工一般来说可以为新员工指点迷津，从而带领他们更轻松地融入组织。
- 一定要亲自去认识新员工，以便更好地了解他们的需求。如果他们在过渡期间遇到任何困难，那么他们也更有可能来找你。
- 最后，为新员工开发一个全面的追踪系统，观察比较整合的过程。与同事相比，他们的表现如何？他们有同样的机会获得成功吗？他们有同样的晋升机会吗？通过了解不同员工的经历，你将更有可能公平地评估他们的表现，并找出偏见在哪些方面导致他们成功或失败。

指导与支持

还有一种有助于员工发展的有效方法，那就是创造指导和支持的机会。“导师制”是一种有序的方法，可以确保员工得到有效的指导，而且还可以保证有人正在密切关注可能阻碍员工取得成功的细微偏见。“伯乐”则可以确保每个人都在组织系统中找到支持他们的人，并且可以防止某些人在不知不觉中享有别人没有的优势。当然，没有任何系统永不失败，有些导师或伯乐可能确实比其他人更有影响力。但是，如果有人为新员工提供支持和帮助，那么至少新员工将更有可能获得公正的机会。要想让导师和伯乐成功履行自己的职责，有几件重要的事情需要牢记：

- 一定要明确传达导师制的目的及其架构。
- 可以考虑建立一个统一的导师制流程，不要专门为某些群体提供指导（比如针对女性或有色人种的指导计划）。专门的指导计划本意是好的，但是根据我的经验，它们往往可能在无意间强化负面的刻板印象和偏见。还记得本章前面讲到的那个邀请库克·罗斯公司为其评估这种计划的律师事务所吗？通过创建统一的流程，公司可以比较每个人获得的机会，并且在出现问题时对其加以纠正。
- 要为导师提供培训，尤其要帮助他们理解，文化可能影响导师与学员的关系。一般来说，导师是指定的，因为他们是组织中的高层人员，但往往没有人可以肯定他们知道如何指导别人。此外，他们可能不理解，如果新员工来自与他们不同的群体，那么双方的经历可能完全不同。

- 要关注正式以及非正式的指导，尤其要注意，非正式的指导可能会在某些人或某些群体之间造成意想不到的不平等或导致某些人拥有特权。
- 监督导师制的执行情况，检验其是否有效，注意是否存在偏见模式。如果你定期检查导师制的执行情况，应该能够发现某种偏见，注意不要漏掉某些人。
- 观察个人或团队在进行工作分配或延展性任务分配时是否存在某种偏见。研究表明，有一种情况会让偏见在无意识的情况下发挥作用，即员工展示自己才能的机会。如果一名员工得到了一两次机会，而另一名员工得到了五六次机会，那么后者显然有更多机会证明自己的价值。通常来说，与白人女性或有色人种相比，年轻白人男性获得的延展性任务更多。白人男性往往因为潜力而受到奖励，而其他人得到奖励则是因为他们优异的表现。这种不平等会加剧员工发展的差距。
- 建立导师库制度也可以帮助员工为自己的个人发展负责。例如，让表现出色的员工每月作为导师库的一员提供几个小时的服务。你可以想一种方法确定每个人负责提供哪种培训。新员工可以与导师库中的某位导师取得联系，邀请他帮忙提高自己某一方面的能力。因此，梅根可能会与马修联系，问马修是否可以指导她两个小时，教她如何撰写计划书，而戴维可能会请安吉拉给他做一小时的业务发展指导。

绩效评估 / 员工评价

绩效评估是无意识偏见可能存在的一个环节。我们大多数人可能都记得，上大学的时候有的老师打分打得特别严，而有的老师则打分打得比较松。要想从某位教授那里获得 B 的成绩，可能比从另一位教授那里获得 A 还难。绩效评估也是如此。我们有多种方法可以提高绩效评估的有效性，减少其中的偏见，给予员工获得成功所需的反馈：

- 按照一致的标准定期提供反馈。反馈就是回顾那些一直在讨论的事情，并帮助员工制订提高绩效的计划。
- 确保员工清楚他们所在的岗位有什么考核标准，需要什么技能，这样他们才会知道，要想获得成功需要做些什么。
- 查看已经设立的指标以平衡“直觉”反应。确保所衡量的内容能够真实地呈现绩效情况。举个例子，我们可以想象一下，某个销售团队仅对自己的财务业绩负责。你怎么知道是不是有的人轻易就接到了找上门的单子而从中获益，而有的人在积极促成一笔新的交易，虽然最后没有成功，但他却做得非常出色？在这种情况下，首因偏见和近因偏见往往会发挥重要作用。
- 在进行绩效评估之前，让我们回顾一下有关无意识偏见的话题。在做绩效评估时，可以设立一名观察员，监督评估过程，尽量避免偏见。

- 研究分级评估的替代方法。任何一种分级评估，不管是数字（比如 1 到 5）还是词汇（比如优秀、合格、较差）都会招致偏见，因为主管对这些评级的理解方式不同。可以考虑定期写一份评估报告，或是以对话的形式进行评估，告诉员工应该停止哪些做法，开始哪些行动，以及哪些事情可以继续做下去。
- 在绩效评估开始之前使用决策辅助工具来识别并应对各个方面的偏见，比如工作风格、人际关系、个人特质，对感觉、生活方式、团队合作或个人目标的假设，以及有谁影响了你的判断。
- 小心观察与当前项目或客户有关的评估者偏见。评估者很容易或多或少地对员工做出正面评价，因为他们碰巧正在同一个项目共事或接触同一个客户，这恰好对领导十分重要。评估者应该问自己几个问题，比如，我个人的工作是否影响我对这位员工的评价？我过去的经历是否对这次评估有影响？这名员工是不是让我想起了某个我喜欢或厌恶的人？工作风格或方法的差异会对评价造成影响吗？我可以用哪些策略来克服这些偏见？
- 注意模式识别反应中的偏见。有没有人因为其做事方式和“我们的方式”相同而获益，而不是因为他们的方式最具创新性、最高效或是最有用？
- 想一些方法让人们把焦点放在他们对被评估者的预测上。
- 注意员工整体的敬业度。他们是“圈内人士”还是“圈外人士”？他们的特殊工作状况（包括地理位置、家庭状况、孩子、产假/陪产假、弹性工作时间、远程办公等）是否会影响他们融入集体？

- 注意那些可能会根据个人标准而非任务完成情况进行衡量的地方。
- 广泛地获取信息。如果评估过程涉及大范围的人，并且他们的意见得到了充分倾听，那么可以最大程度地减少个人偏见的影响。当然，前提是群体可以在一个较高的水平上发挥作用，不受群体思维的影响。
- 研究相反的观点。
- 在不同群体中寻找评估模式，例如，女性总体上的评价标准是不是与男性不同？

校准

有人说，所有重要的东西都可以衡量。总体来说，我并不认同这一点，因为它的覆盖面太广了。生活中有很多重要的东西（比如爱、信任和团队合作）是难以衡量甚至无法衡量的。但是，我认为人才管理系统的某些方面确实应该校准，这样可以让你更轻松地追踪这个系统产生的结果。如果能做到下面几点，就可以减少校准的偏见：

- 在校准会议开始时，首先做出有关公平性和包容性的承诺，保证会议的结构和流程欢迎所有参与者。

- 确保大家都了解正在校准的各项指标的相对权重。
- 组织的文化模式如过于重视某一领域，则要对其进行质疑。
- 如果大家似乎偏向优势群体而不是非优势群体的行为，比如男性化而非女性化的领导风格，那么要进行质疑。

识别人才

识别系统中的人才，从长远来看这对员工的成长和组织的发展至关重要。某位员工是否应该列入提拔的名单？有没有应该着重培养的高潜力员工？要回答这些问题，你可能需要注意以下几件事：

- 注意员工有没有清晰地表明自己的职业目标和抱负。他们表现出的热情可能会影响你的反应。
- 注意观察员工在更愿意或更不愿意接受具有挑战性的任务时是否存在某种偏见。
- 注意观察谁获得了正式或非正式的指导或培训。
- 除了那些“常见的候选人”，也要在别处探寻人才。有没有隐藏在部门内部很少露面的人？
- 研究一下，相对于组织的主流工作风格，员工具有个人特色的工作风格得到了何种评价。
- 观察一下，文化或性格是如何影响员工参与“面对面交流”的。几年前，我们为一家全球组织的女性高管设计了一项发展计划。她们通过这项计划一起度过了一年，在最后一次会议上，几位男性高管与这项计划的参与者进行了互动。每位男性高管分别与五六位女性坐在一起，讨论公司的情况。我在观察其中一个小组时发现，一位韩国女性一句话都没说。过了好一会儿，我终于问她有没有什么要补充的。接下来，她发表了一系列观点，也提出了很多问题，可能比任何人的问题都更加尖锐。但是，如果没有人邀请她加入对话，她可能就永远没有机会发表这些看法。

- 注意不要期望员工按照你的职业发展道路前进。听听他们想如何发展，不要以为自己的道路就适合他们。
- 寻找可以为组织带来新东西的人才，而不仅仅是那些在自己擅长的领域做得好的人。

发展与晋升

- 建立一个职业发展体系，密切关注所有员工的发展，并为员工提供晋升的机会。要记住，虽然我们可能无法完全消除无意识偏见，但结构化的流程往往比非结构化的流程更公平，可以思考一下工作分配、明确的绩效目标、定期的反馈机会和持续的成长机会这些问题。
- 寻找有关员工意识的模式。组织的领导层“了解”哪些员工？不知道哪些员工？这其中是否存在群体认同模式（比如男性比女性的知名度更高）？

- 要为每位员工制订书面的发展计划，定期评估并比较这些计划，看看是否存在区别对待的情况。
- 观察自我评估的趋势。员工会一直高估自己还是低估自己？个人和文化模式会极大地影响人们在进行自我推销时的表现。我的一个曾经的客户要求员工定期评估自己，包括绩效和潜力。有一名越南裔女员工，她的文化模式比较反对自我推销。和她一起工作的同事有一个祖籍欧洲的美国人，他的文化模式并没有这种限制。这两个人的自我评估表现出了文化差异。那位女士低估了自己，而那位男士则恰恰相反。他们彼此分享了各自的看法。后来，那位女士告诉我："如果我什么时候这样夸自己，我的祖父在九泉之下都不得安宁。"在查看员工的自我评估时，请记住这几点：
- 为员工接受教育提供便利条件，比如召开会议、开展内部教育或报销学费。
- 检查组织是否有特定的培训需求，这些培训需求可能会影响员工观察各自偏见的能力（比如性骚扰培训，有关性取向、残障或代际问题的培训）。
- 注意细微的差异。以我的一位客户为例，她是丹麦乳制品公司爱氏晨曦的首席多元化官蒂娜·尼尔森，有一次她给我讲了她的经历：

我们做了广泛的组织内部和外部研究（包括焦点小组、领导者访谈、评估海外派遣流程等），想评估公司内部存在性别偏见的可能性。结果表明，海外工作的第一个触发因素是员工本人，这可以从他们回答在线人才档案网站的一个问题看出来。这个问题是关于他们是否会接受海外工作的。研究表明，女性倾向于选择“否”，因为她们会思考当下的处境，想到家庭和生活方面的限制。（“我如何安排好这一切？这么多事情都需要我在场。”）男性则倾向于选择“是”。（“到时候我再决定，反正现在还没有这个要求。”）我们通过“融入助推”将问题改为“你将来会考虑海外派遣吗？”。

- 鼓励员工分享他们的职业抱负，而不仅仅是他们认为领导者想听的东西。鼓励他们对自己的职业发展负责。

追踪员工融入组织的情况：

- 导师制的进展如何？
- 他们觉得自己融入团队了吗？
- 他们是否觉得自己与同事的关系有利于他们在组织内发展？
- 他们觉得自己得到了支持吗？

监督延展性任务、职业发展机会、学习机会和晋升机会的分配方式。

- 是否总是那些“关键人物”能获得更多机会?
- 团队的多元化和包容性情况如何?
- 团队成员有多像他们的领导者?
- 评估你自己以及组织对员工进行定位的标准，是不是有些人会比其他人获得更多机会?
- 挑战自己，提高自己接受“非主流”风格的能力。

总而言之，为第三方部门（人力资源、法律部门、工会和监督办公室）的人员提供培训很重要。这有助于他们意识到自己的无意识态度和行为，从而积极通过教育和咨询等方式做出回应，而不是立即采取法律行动或惩罚等措施。

你可能还想与客户、顾客以及患者进行“隐性”互动，从中找出偏见的个例，以便在培训中作为案例使用。

最后，如果可以，根据重要的人口因素，对不同的顾客、客户或患者人群进行结果分析。我们往往因为没有问对问题而注意不到我们漏掉了什么。我有一次曾与一家患者满意度较高的医院合作，但这家医院从未看过按种族、性别或其他身份划分后的患者满意度调查表。当他们查看按患者身份进行划分的数据时，显然有色人种患者的满意度要远低于白人患者。如果我们想要得到正确答案，就必须提出正确的问题！

要记住，如果想要降低偏见替你做出决策的可能性，就要定期问问自己以及团队，你们的决策是怎么做出来的。我知道我列的这个问题清单可能让人望而却步。但是，没有必要一次性把这些问题都问了或是都解决了，我也不建议这样做。先看看可以在哪些方面做出较小的改变，同时又能对组织及员工产生较大的影响！

致谢

本书自2014年首次出版以来，世界各地发生了很多事情。我访问了很多城市，包括日本东京、瑞典斯德哥尔摩、瑞士巴塞尔、法国巴黎、丹麦哥本哈根、印度新德里、英国伦敦、古巴哈瓦那、巴西巴伊亚、波多黎各圣胡安。在那些地方，我结识了各行各业的人，并对偏见给他们生活造成的影响有了深刻的认识。很多人在美国各州分享了自己的故事，展示了自己脆弱的一面。我从他们身上看到了勇气，并为数十万人举办了讲习班、研讨会和网络研讨会。他们绽放的人性光辉是我永不枯竭的灵感来源。

当然，我们身边也发生了很多事情。这本书的第一版发行一个月后，迈克尔·布朗在美国密苏里州的弗格森中枪身亡。他死后，还陆续发生了很多因为偏见导致的可怕事件或致命事件。我们看到了美国等国家的同性婚姻合法化，目睹了"黑人的命也是命"运动、2016年总统大选、"MeToo"反性骚扰运动、科林·卡佩尼克反对警察暴力的事件。此外，还有白人至上主义的升级，他们在美国弗吉尼亚州的夏洛茨维尔游行，特朗普称他们为“很好的人”，甚至让4名少数族裔国会女议员“从哪儿来的回哪儿去”！

我们不能安慰自己，要建立一个更加公平的世界，我们没什么可做的了。

我从未幻想过在我有生之年人们可以成功创造一个更加公平的世界。实际上，这项事业就像锻炼一样……这可能是我们必须永远有意识地去做的一件事，因为人们总会找到分裂彼此的方法。

当我开启职业生涯之时，从未想过要在本书讨论的话题上有所建树。我对社会公正的兴趣以及在社会行动方面的经验，似乎无意中促使我成了一名顾问。这几年，我对潜意识越来越着迷。当时，我很好奇为什么我会继续与看似不错的人交往，他们为什么会表现出不理性的行为，在对待别人和管理公司时的方式截然不同。说服人们行事为人更加公平是一件颇具挑战性的事，但从更广阔的角度来看，似乎也没有那么困难。令我困惑的是，为什么他们的行为长期以来都没有任何改变。

从某种程度上说，是生活迫使我成长，催促我进步。我们一家曾在纳粹的铁蹄下遭受百般痛苦，我在华盛顿特区一个几乎没有废除种族隔离制度的社区长大，这些经历赋予了我解决社会不公问题的核心使命感。我出生并成长于社会剧烈动荡时期，这正好使我置身社会变革运动的中心。我早期担任领导职务时愚拙不堪，于是开始学习领导力。在职业生涯早期，我不知道该如何经营学校，于是开始学习组织变革和文化变迁的知识。我还挣扎着度过了人生的种种转折点，特别是离婚，这让我对自己以及别人的为人处世之道有了更深的了解。通过探索我的精神生活，我开启了探索生命意义之旅。当意识到自己存在偏见时，我真是一头雾水，因为我知道我不想做一个有偏见的人——但从过去到现在，我却一直未能摆脱偏见的影子！

就我对公平和包容性的热情而言，我要感谢很多同人，我从他们身上学到了很多东西。多年来，我在多元化和包容性方面所积累的经验，得益于在多元化领域努力的诸多专业人士，因为人数太多，在这里就不一一列举了。此外，我的工作还得益于行动理解计划的学生和工作人员，我在贝内特女子学院的学生，以及人权运动组织、大华盛顿领导力计划、美国国家社区和司法委员会的同事，当然，还有多年来我有幸与之并肩作战的很多其他社会变革组织。

我要特别感谢我的姐妹、老师、同事、朋友约翰妮塔·贝奇·科尔博士，我们的友谊和她的智慧在很多方面为我提供了支持。

我所了解的关于大脑和心理方面的知识受到了很多伟大智者的影响，在这里也不一一罗列了。其中给我启发最大的包括罗伯特·F.艾伦、纳利尼·安巴比、丹·艾瑞里、伊恩·艾尔斯、马扎林·贝纳基、莱拉·博格迪特斯基、克里斯托弗·查布里斯、艾米·卡蒂、安东尼奥·达马西奥、爱德华·德·波诺、乔·迪斯派尼兹、迈克尔·加扎尼加、安东尼·格林沃尔德、乔纳森·海特、约翰·约斯特、卡尔·荣格、丹尼尔·卡尼曼、雷·库兹韦尔、乔纳·莱勒、马修·利伯曼、康拉德·洛伦茨、博·洛托、阿诺德·迈耶斯伯格、列纳德·蒙洛迪诺、沃尔特·米歇尔、迈克尔·诺顿、布莱恩·诺塞克、斯科特·E. 佩奇、丹尼尔·平克、斯蒂芬·平克、V. S. 拉玛钱德朗、戴维·罗克、丹·西格尔、丹尼尔·西蒙、萨姆·萨默斯、克劳德·斯蒂尔、哈尔·斯通、西德拉·斯通、阿莫斯·特沃斯基、尚卡尔·韦丹塔姆、基普林·威廉姆斯、蒂姆·威尔逊，还有菲利普·津巴多。

常年沉浸于学习的海洋，让我的心智不断成长，《薄伽梵歌》、古老的苏非派典籍，尤其是诗人鲁米和哈菲兹的作品，还有佛教中的智慧，都让我受益匪浅。2 500 年前，佛陀似乎就已经发现了人类的心理模式，而将其确立为一个学科进行研究却是最近的事。还有很多老师也让我获益良多，包括杰拉尔德·扬波尔斯基、费尔南多·弗洛里斯、巴克敏斯特·富勒、尼姆·卡罗利·巴巴、沃纳·埃伯哈特、霍华德·瑟曼、南希·尼尔、奥修、埃克哈特·托勒、肯·威尔伯，以及释一行禅师。我还要特别感谢我亲爱的同事、朋友兼灵魂伴侣迈克尔·席塞尔和尼拉马·艾尔斯。

以上提到的所有人都为我提供了素材，但把它们变成一本书则是另一回事了。我要特别感谢我的编辑玛丽·斯塔尼克，你不仅完成了基本的编辑工作，还和我一道制定了设计策略，展现我“声音”的同时给予我极大的信心，这本书和我的第一本著作都离不开你的帮助；我还要感谢丹·埃戈尔，谢谢你读完初稿后为我提供了非常有用的建议和研究支持；感谢豪伊·谢弗和劳拉·马利诺夫斯基，谢谢你们作为本书的第一批读者，提供了有价值的反馈；感谢杰克·罗斯为本书提供的研究支持；还要感谢乔恩·西斯克以及罗曼和利特尔菲尔德出版集团公司的所有同仁，很高兴能与你们合作。

非常感谢库克·罗斯公司的所有员工。这家公司是1989年我与别人共同创立的，我们致力于通过一次改变一个组织来改变世界。这家公司于2018年夏天卖出。尤其要感谢我的商业伙伴迈克尔·莱斯利·阿米尔卡，他是我的继任者，也是库克·罗斯公司的现任首席执行官。

我还要特别感谢我亲爱的朋友和兄弟小詹姆斯·罗比·格里格。2018年12月，他离世了。罗比是我职业生涯中最伟大的一位伙伴。毫无疑问，如果没有他一直以来的支持，没有我们的友谊和他的奉献精神，我的事业会比现在更加不起眼，局限性也更强。罗比，你在这一切发生之前就选择相信我，世界上再也不会有第二个你了，我爱你。

在这里，我要向我的家人致以最深切的谢意，感谢我的父母杰克·罗斯和艾琳·罗斯，是你们把我们兄弟姐妹培养成了善于思考和学习的人，让我们能为世界做出贡献。我很想念你们。感谢我的继父鲍勃·罗森，谢谢你给予我20多年的爱，我为你能走进我们的生活而心怀感激。感谢我的姐姐和妹妹莎琳和罗比，你们的优秀作品总会激发我对社会公正的热情。我还要特别感谢我的儿子马特、詹森、加贝和杰克，你们都很聪明可爱、简朴、出色，还要感谢我的儿媳莫尼塔、凯特和肖娜，谢谢你们在我生活中扮演的角色。

我还要感谢孙子、孙女，汉娜、玛雅、斯隆、佩内洛普、戴维斯和奥德丽，谢谢你们给我的无穷无尽的爱。

感谢我的妻子莱斯莉·斯特劳布，你是我生活中的伴侣和商业上的伙伴。因为你，我的生活才如此丰富多彩。你给我的生活带来的改变，几乎无法用言语表达。如果有一条河流穿过我们的生活，没有什么比知道你一直与我同舟共济更重要的了。你是我世界的中心，我爱你。

最后我要感谢上天，感谢你赐予我生命，并让我活出意义。

注释

前言

1. Adrian C. North, David J. Hargreaves, and Jennifer McKendrick, "In-Store Music Affects Product Choice," *Nature* 390 (1997): 132. Adrian C. North, David J. Hargreaves, and Jennifer McKendrick, "The Influence of In-Store Music on Wine Selections," *Journal of Applied Psychology* 84 (1999): 271–76.

2. Charles S. Areni and David Kim, "The Influence of Background Music on Shopping Behavior: Classical Versus Top 40 Music in a Wine Store," *Advances in Consumer Research* 20 (1993): 336–40.

3. Adrian C. North, Amber Shilcock, and David J. Hargreaves, "The Effect of Musical Style on Restaurant Customer Spending," *Environment and Behavior* 35 (2003): 712–18.

4. Alan Schwartz, "Study of NBA Sees Racial Bias in Calling Fouls," *New York Times*, May 2, 2007.

5. Corinne A. Moss-Racusin, John F. Dovido, Victoria L. Brescoll, et al., "Science Faculty's Subtle Gender Biases Favor Male Students," *Proceedings of the National Academy of Sciences of the United States of America* 109, no. 41 (2012): 16474–79.

6. Consumer.healthday.com, Friday, May 24, 2013, "Many Medical Students have Anti-fatBias, Study Finds."

7. Sara N. Bleich, Wendy L. Bennett, Kimberly A. Gudzune, et al., "Impact of Physician BMI on Obesity Care and Beliefs," *Obesity* 20, no. 5 (2012): 999–1005.

8. Johns Hopkins University Bloomberg School of Public Health, "Physician's Weight May Influence Obesity Diagnosis and Care," news release, January 26, 2012, http://www.jhsph.edu/news/news-releases/2012/bleich-physician-weight.html.

9. Howard J. Ross, *ReInventing Diversity: Transforming Organizational Community to Strengthen People, Purpose, and Performance* (Lanham, MD: Rowman & Littlefield, 2011).

10. Richard R. Banks and Richard Thompson Ford, "(How) Does Unconscious Bias Matter?: Law, Politics, and Racial Inequality," *Emory Law Journal* 58, no. 5 (2005): 1053–1122.

11. Daniel L. Ames and Susan T. Fiske, "Intentional Harms Are Worse, Even When They're Not," *Psychological Science* 24, no. 9 (2013): 1755.

第一章　人人都有偏见

1. Donald A. Redelmeier and Simon D. Baxter, "Rainy Weather and Medical School Admission Interviews," *Canadian Medical Association Journal* 181, no. 12 (December 8, 2009): 933.

2. Jeffrey M. Jones, "Same-Sex Marriage Support Solidifies above 50 Percent in U.S.," *Gallup Politics*, May 13, 2013.

3. Dave McNary, "Over One-third of Respondents Report 'Disrespectful' Treatment," *Variety*, September 27, 2013.

4. FreeDictionary.com: http://www.thefreedictionary.com/bias.

5. Joseph LeDoux, *The Emotional Brain: The Mysterious Underpinnings of Emotional Life* (New York: Simon and Schuster, 1998).

6. Wikipedia: http://en.wikipedia.org/wiki/William_Graham_Sumner.

7. Brett Pelham and Hart Blanton, *Conducting Research in Psychology: Measuring the Weight of Smoke* (Independence, KY: Cengage Learning, 2012).

8. Daniel Casasanto and Kyle Jasmin, "Good and Bad in the Hands of Politicians: Spontaneous Gestures during Positive and Negative Speech," PLoS ONE 5(7): e11805. doi:10.1371/journal.pone.0011805 (2010), http://www.plosone.org/article/info%3Adoi%2F10.1371%2Fjournal.pone.0011805.

9. David Brown, "Motor Vehicle Crashes: A Little-Known Risk to Returning Veterans of Iraq and Afghanistan," *Washington Post*, May 5, 2013.

10. Amy J. C. Cuddy, Susan T. Fiske, and Peter Glick, "Warmth and Competence as Universal Dimensions of Social Perception: The Stereotype Content Model and the BIAS Map," *Advances in Experimental Social Psychology* 40 (2008): 61–149.

11. Cuddy, Fiske, Glick, "Warmth and Competence as Universal Dimensions," 65.

12. Cuddy, Fiske, Glick, "Warmth and Competence as Universal Dimensions," 65.

13. Cuddy, Fiske, Glick, "Warmth and Competence as Universal Dimensions," 71.

14. Cuddy, Fiske, Glick, "Warmth and Competence as Universal Dimensions," 72.

15. Cuddy, Fiske, Glick, "Warmth and Competence as Universal Dimensions," 73.

16. Dan M. Kahan, Ellen Peters, Erica Cantrell Dawson, et al., "Motivated Numeracy and Enlightened Self-Government," *Social Science Research Network*, September 3, 2013.

17. Lindsay Abrams, "Study Proves That Politics and Math Are Incompatible," *Salon*, September 5, 2013, http://www.salon.com/2013/09/05/study_proves_that_politics_and_math_are_incompatible/ (emphasis added).

18. Marty Kaplan, "Scientists' Depressing New Discovery about the Brain," *Salon*, September 17, 2013, http://www.salon.com/2013/09/17/the_most_depressing_discovery_about_the_brain_ever_partner/.

19. Antonio Damasio, *Descartes' Error: Emotion, Reason and the Human Brain* (New York: G.P. Putnam's Sons, 1994).

20. Philip G. Dodgson and Joanne V. Wood, "Self-esteem and the Cognitive Accessibility of Strengths and Weaknesses after Failure," *Journal of Personality and Social Psychology* 75, no. 1 (July 1998): 178–97.

第二章　元认知：关于思考的思考

1. The term “Latinx” is often used as a gender neutral description, replacing “Latino” and “Latina.”

2. Karen Wynn and Nehan Mahajan, “Origins of ‘Us’ versus ‘Them’: Prelinguistic Infants Prefer Similar Others,” *Cognition* 75, no. 1 (August 2012): 227–33.

3. David J. Kelly, Alan Gibson, Michael Smith, et al., “Three-Month-Olds, but Not Newborns, Prefer Own-Race Faces,” *Developmental Science* 8, no. 6 (May 2005): 31–36. David J. Kelly, Paul C. Quinn, Alan M. Slater, et al., “The Other Race Effect Develops during Infancy,” *Psychological Science* 18, no. 12 (December 2007): 1084–89.

4. “The Mirror Neuron Revolution: Explaining What Makes Humans Social, Scientific American,” https://www.scientificamerican.com/article/the-mirror-neuron-revolut/

5. V. S. Ramachandran, *The Tell-Tale Brain: A Neuroscientist's Quest for What Makes Us Human* (W.W. Norton: New York, 2011).

6. Xiaojing Xu, Xiangyu Zuo, Xiaoying Wang, et al., “Do You Feel My Pain? Racial Group Membership Modulates Empathetic Neural Responses,” *Journal of Neuroscience* 29, no. 26 (July 1, 2009): 8525–29.

7.Mina Cikara, Emile G. Bruneau, and Rebecca R. Saxe, “Usand Them: Intergroup Failures of Empathy,” *Current Directions in Psychological Research* 20, no. 3 (June 2011): 149–53.

8. Abraham H. Maslow, “A Theory of Human Motivation,” *Psychological Review* 50 (1943): 370–96.

9. Naomi I. Eisenberger, Matthew D. Lieberman, and Kipling D. Williams, “Does Rejection Hurt? An fMRI Study of Social Exclusion,” *Science* 302, no. 5643 (October 10, 2003): 290–92.

10. Edward Tronick, Lauren Adamson, H. Als, et al.“Infant Reactions in Normal and Pertubated Interactions,” April 1975. Paper presented at the biennial meeting of the Society for Research in Child Development, Denver, CO.

11. G. Elliott Wimmer and Daphna Shohamy, “Preference by Association: How Memory Mechanisms in the Hippocampus Bias Decision,” *Science* 338, no. 6104 (October 2012): 270–73.

12. Wimmer and Shohamy, “Preference by Association,” abstract.

13. Amra Hodzic, Lars Muckli, Wolf Singer, et al., “Cortical Responses to Self and Others,” *Human Brain Mapping* 30, no. 3 (March 2009): 951–62.

14. Jeff Hawkins and Sandra Blakeslee, *On Intelligence: How a New Understanding of the Brain Will Lead to the Creation of Truly Intelligent Machines* (Times Books: New York, 2004).

第三章　偏见滤镜

1. Daniel J. Simon and Christopher F. Chabris, “Gorillas in Our Midst: Sustained Inattentional Blindness for Dynamic Events,” *Perception* 28, no. 9 (1999): 1059–74.

2. Walter S. Gilliam, Angela N. Maupin, Chin R. Reyes, Maria Accavitti, and Frederick Shic, *Do Early Educator's Implicit Biases Regarding Sex and Race Relate to Behavior Expectations and Recommendations of Preschool Expulsions and Suspensions?* Yale University Child Study Center, September 28, 2016.

3. Trafton Drew, Melissa L. H. Vö, and Jeremy M. Wolfe, "The Invisible Gorilla Strikes Again: Sustained Inattentional Blindness in Expert Observers," *Psychological Science* 24, no. 9 (September 2013): 1848–53.
4. Drew, Vö, and Wolfe, "The Invisible Gorilla Strikes Again."
5. Chuck Leddy, "Scaling Boston's Blue Wall of Silence," *Boston Globe*, July 21, 2009.
6. Christopher F. Chabris, Adam Weinberger, Matthew Fontaine, et al., "You Do Not Talk about Fight Club If You Don't Notice Fight Club: Inattentional Blindness for a Simulated Real-World Assault," *i-Perception* 2 (2011): 150–53.
7. Howard J. Ross, *ReInventing Diversity: Transforming Organizational Community to Strengthen People, Purpose, and Performance* (Lanham, MD: Rowman & Littlefield, 2011), 142.
8. Charles C. Ballew II and Alexander Todorov, "Predicting Political Elections from Rapid and Unreflective Face Judgments," *Proceedings of the National Academy of Sciences of the United States of America* 104, no. 46 (November 13, 2007): 17948–53.
9. Shaun M. Eack, Amber L. Bahorik, Christina E. Newhill, et al., "Interviewer-Perceived Honesty as a Mediator of Racial Disparities in the Diagnosis of Schizophrenia," *Psychiatric Services* 63, no. 9 (September 1, 2012): 875–80.
10. Javier I. Escobar, "Diagnostic Bias: Racial and Cultural Issues," *Psychiatric Services* 63, no. 9 (September 1, 2012): 847.
11. Harold Kelley, "The Warm Cold Variable in First Impressions of People," *Journal of Personality* 18 (1950): 431–39.
12. Robert Fortuna, "Kids' Race May Play a Role in ER Treatment for Pain," *Pediatrics* (September 23, 2013).
13. Wikipedia: http://en.wikipedia.org/wiki/Checker_shadow_illusion.
14. Gene Weingarten, "Pearls before Breakfast: Can One of the Nation's Great Musicians Cut through the Fog of a D.C. Rush Hour? Let's Find Out," *Washington Post*, April 8, 2007.
15. Paul C. Price, "Are You as Good a Teacher as You Think?" *Thought and Action* (Fall 2006): 7–14.
16. Daniel Kahneman and Amos Tversky, "Judgment under Uncertainty: Heuristics and Biases," *Science* 185, no. 147 (September 27, 1974): 1124–31.
17. Meghan R. Busse, Ayelet Israeli, and Florian Zettelmeyer, "Repairing the Damage: The Effect of Price Expectations on Auto-Repair Price Quotes," National Bureau of Economic Research, NBER Working Paper No. 19154, June 2013.

第四章　生命、死亡、逮捕与无意识偏见

1. Danny Clemens, "Philadelphia Starbucks Arrests: What a Witness Says Happened," *ABC News, Saturday*, April 14, 2018.
2. Ibid.
3. *Racial Disparities in D.C. Policing: Descriptive Evidence from 2013–2017*, American Civil Liberties Union, May 13, 2019.
4. *Racial Disparities*.
5. "Documents Released in the Ferguson Case". *The New York Times*. November 25, 2014.

6. Ida Lieszkovszky, "Tamir Rice Investigation Released: The Big Story." *The Plain Dealer*. June 1, 2015.
7. Mitch Smith, "Minnesota Officer Acquitted in Killing of Philando Castile." *The New York Times*, June 16, 2017.
8. Anthony L. Bui, Matthew M. Coates, and Ellicott C. Matthay, "Years of Life Lost Due to Encounters with Law Enforcement in the USA, 2015-2016," *Journal of Epidemiology & Community Health*, May 7, 2018.
9. Ciro Civile, and Sukhvinder S. Obhi, "Students Wearing Police Uniforms Exhibit Biased Attention toward Individuals Wearing Hoodies." *Frontiers in Psychology*, The National Library of Medicine, National Institutes of Health.
10. Michael Nam, "Tamir Rice's Age, Sized Repeatedly Made an Issue in Shooting Investigation," *DiversityInc*, June 16, 2015.
11. "Big Racial Divide over Zimmerman Verdict: Whites Say Too Much Emphasis on Race, Blacks Disagree," Pew Research Center for the People and the Press, July 22, 2013, http://www.people-press.org/2013/07/22/big-racial-divide-over-zimmerman-verdict/.
12. Trina T. Creighton, Curtis L. Walker, and Mark R. Anderson, "Coverage of Black versus White Males in Local Television News Lead Stories," *Journal of Mass Communication & Journalism*, September 17, 2014.
13. Phillip Atiba Goff, Kimberly Kahn, and Jack Glaser, *Research and Training to Mitigate the Effects of Implicit Stereotypes and Masculinity Threat on Authority Figures' Interactions with Adolescents and Non-Whites,* ResearchGate, January 2016.
14. Leon Festinger, *A Theory of Cognitive Dissonance*, Stanford University Press, 1957.
15. Ibid., page 3.
16. "Racial Disparities in Arrests in the District of Columbia, 2009–2011: Implications for Civil Rights and Criminal Justice in the Nation's Capital," Washington Lawyers' Committee for Civil Rights and Urban Affairs, July 2013, http://www.washlaw.org/pdf/wlc_report_racial_disparities.pdf.

第五章　谁掌握着权力?

1. With appreciation to John R. P. French (the late professor emeritus of psychology at the University of Michigan) and Bertram Raven (professor emeritus of psychology at UCLA) for their important work regarding power's role in human relationships.
2. Mary Rowe, "Saturn's Rings: A Study of the Minutiae of Sexism Which Maintain Discrimination and Inhibit Affirmative Action Results in Corporations and Nonprofit Institutions," May 1974. Paper presented at the Graduate and Professional Education of Women conference of the American Association of University Women.
3. Margaret McIntosh, "White Privilege and Male Privilege: A Personal Account of Coming to See Correspondences through Work in Women's Studies," 1988. Wellesley College Center for Research on Women, Working Paper 189.
4. Doré Butler and Florence L. Geis, "Nonverbal Affect Responses to Male and Female Leaders: Implications for Leadership Evaluations," *Journal of Personality and Social Psychology* 58, no. 1 (January 1990): 48–59.
5. Martha Foschi, "Double Standards for Competence: Theory and Research," *Annual Review of Sociology* 26 (August 2000): 21–42.

6. Sukhvinder Singh Obhi, Jeremy Hogeveen, and Michael Inzlicht, "Power Changes How the Brain Responds to Others," *Journal of Experimental Psychology General* (July 1, 2013), (ePub ahead of print), DOI:10.1037/a0033477: http://www.researchgate.net/publication/244479763_Power_Changes_How_the_Brain_Responds_to_Others.

7. Paul K. Piff, Daniel M. Stancato, Stéphane Côté, et al., "Higher Social Class Predicts Increased Unethical Behavior," *Proceedings of the National Academy of Sciences of the United States of America* 109, no. 11 (March 13, 2012): 4086–91.

第六章　如水之于鱼：偏见之网

1. Joris Lammers, Janka I. Stoker, Jennifer Jordan, et al., "Power Increases Infidelity among Men and Women," *Psychological Science* (July 19, 2011).

2. Shankar Vedantam, "Power May Increase Promiscuity," National Public Radio, June 10, 2011, http://www.npr.org/2011/06/10/137112887/some-suggest-power-increases-promiscuity.

3. Jonathan W. Kunstman and Jon K. Maner, "Sexual Overperception: Power, Mating Motives, and Biases in Social Judgment," *Journal of Personality and Social Psychology* 100, no. 2 (February 2011): 282–94.

4. Kelly Welch, "Black Criminal Stereotypes and Racial Profiling," *Journal of Contemporary Criminal Justice* 23, no. 3 (August 2007): 276–88.

5. Bob Butler, "TV Station Takes Four-Year-Old Child's Quote Out of Context," Maynard Institute, July 27, 2011, http://mije.org/health/tv-station-takes-four-year-old-childs-quote-context.

6. Robert L. Nelson, "State of the Profession: Trends in Legal Diversity: Selected Findings from the Research Group on Legal Diversity," September 2012. Presentation before the Leadership Council in Legal Diversity, Washington, D.C.

7. Gordon Allport, *The Nature of Prejudice* (Cambridge, MA: Perseus Books, 1954).

8. Shiri Lev-Ari and Boaz Keysar, "Why Don't We Believe Non-Native Speakers? The Influence of Accent on Credibility," *Journal of Experimental Social Psychology* 46, no. 3 (2010).

9. Samuel R. Sommers and Michael I. Norton, "Race-Based Judgments, Race-Neutral Justifications: Experimental Examination of Peremptory Use and the Batson Challenge Procedure," *Law and Human Behavior* 31, no. 3 (June 2007): 261–73.

10. Justin Levinson, "Forgotten Racial Equality: Implicit Bias, Decision Making, and Misremembering," *Duke Law Journal* 57, no. 2 (2007).

11. Katherine Beckett and Theodore Sasson, *The Politics of Injustice: Crime and Punishment in America* (Thousand Oaks, CA: Sage, 2003), 173.

12. Beckett and Sasson, *The Politics*, 173.

13. Jennifer L. Eberhardt, Paul G. Davies, Valerie J. Purdie-Vaughns, et al., "Looking Deathworthy: Perceived Stereotypicality of Black Defendants Predicts Capital Sentencing Outcomes," *Psychological Science* 17, no. 5 (2006): 383–86.

14. Howard J. Ross, *ReInventing Diversity: Transforming Organizational Community to Strengthen People, Purpose, and Performance* (Lanham, MD: Rowman & Littlefield, 2011), 138–39.

15. Samuel Walker, Cassia Spohn, and Miriam DeLone, *The Color of Justice: Race, Ethnicity and Crime in America* (Independence, KY: Cengage Learning, 2011).

16. Jeffrey J. Rachlinski, Sheri Lynn Johnson, Andrew J. Wistrich, et al., "Does Unconscious Racial Bias Affect Trial Judges?" *Notre Dame Law Review* 84, no. 3 (2009).

17. Devah Pager, Bruce Western, and Bart Bonikowski, "Discrimination in a Low-Wage Labor Market: A Field Experiment," *American Sociological Review* 74 (October 2009): 777–99.

18. Brian D. Smedley, Adrienne Y. Stith, and Alan R. Nelson, eds., "Unequal Treatment: Confronting Racial and Ethnic Disparities in Healthcare," Committee on Understanding and Eliminating Racial and Ethnic Disparities in Healthcare, Institute of Medicine of the National Academies, March 2002.

19. "How Far Have We Come in Reducing Health Disparities? Progress since 2000," Institute of Medicine of the National Academies, 2012.

20. David R. William and Selina A. Mohammed, "Racism and Health: Pathways and Scientific Evidence," *American Behavioral Scientist* 57, no. 8 (August 2013): 1152–73.

21. United States Department of Agriculture, Agricultural Marketing Service, http://apps.ams.usda.gov/fooddeserts/foodDeserts.aspx.

22. Kevin A. Schulman, Jesse A. Berlin, William Harless, et al., "The Effect of Race and Sex on Physicians' Recommendations for Cardiac Catheterization," *New England Journal of Medicine* 340 (February 25, 1999): 618–26.

23. James G. Wright, Cornelia M. Borkhoff, Gillian A. Hawker, et al., "The Effect of Patients' Sex on Physicians' Recommendations for Total Knee Arthroplasty," *Canadian Medical Association Journal* 178 (March 11, 2008): 653–55.

24. "When Health Care Isn't Caring: Lambda Legal's Survey on Discrimination against LGBTQ People and People Living with HIV," Lambda Legal, http://data.lambdalegal.org/publications/downloads/whcic-report_when-health-care-isnt-caring.pdf.

25. Alexander R. Green, Dana R. Carney, Daniel J. Pallin, et al., "Implicit Bias among Physicians and Its Prediction of Thrombolysis Decisions for Black and White Patients," *Journal of General Internal Medicine* 22, no. 9 (September 2007): 1231–38.

26. David Wasserman, "Will the 2012 Election Be a Contest of Whole Foods versus Cracker Barrel Shoppers?" *Washington Post*, December 9, 2011.

27. "CNN Poll: Nearly Eight in Ten Favor Gays in the Military," CNN, May 25, 2010, http://politicalticker.blogs.cnn.com/2010/05/25/cnn-poll-nearly-8-in-10-favor-gays-in-the-military/.

28. Charles C. Ballew II and Alexander Todorov, "Predicting Political Elections from Rapid and Unreflective Face Judgments," *Proceedings of the National Academy of Sciences of the United States of America* 104, no. 46 (June 2007): 17948–53.

29. Nicholas D. Kristof, "What? Me Biased?" *New York Times*, October 29, 2008.

30. Samuel McNerny, "Jonathan Haidt and the Moral Matrix: Breaking out of Our Righteous Minds," *Scientific American* (blog), December 8, 2011, http://blogs.scientificamerican.com/guest-blog/2011/12/08/jonathan-haidt-the-moral-matrix-breaking-out-of-our-righteous-minds/.

31. Michael Dodd, Amanda Balzer, Carly M. Jacobs, et al., "The Political Left Rolls with the Good and the Political Right Confronts the Bad: Connecting Physiology and Cognition to Preferences," *Philosophical Transactions of the Royal Society* 367 (2012): 640–49.

32. John T. Jost, Dana R. Carney, Samuel D. Gosling, et al., "The Secret Lives of Liberals and Conservatives: Personality Profiles, Interaction Styles, and the Things They Leave Behind," *Political Psychology* 29, no. 6 (2008).

第七章　转变：神经可塑性

1. Gary Langer, “Poll Tracks Dramatic Rise in Support for Gay Marriage,” ABC News, March 18, 2013, http://abcnews.go.com/blogs/politics/2013/03/poll-tracks-dramatic-rise-in-support-for-gay-marriage/.

2. Jeff Stone and Gordon Moskowitz, “Non-Conscious Bias in Medical Decision-Making: What Can Be Done to Reduce It?” *Medical Education* 45, no. 8 (2011): 768–76.

3. Howard J. Ross, *ReInventing Diversity: Transforming Organizational Community to Strengthen People, Purpose, and Performance* (Lanham, MD: Rowman & Littlefield, 2011), 153–69.

4. Timothy D. Wilson, *Redirect: The Surprising New Science of Psychological Change* (Boston: Little Brown, 2011).

5. Wilson, *Redirect*, 176.

6. Calvin K. Lai, Maddalena Marini, Carlo Cerruti, et al., “Reducing Implicit Racial Preferences: I. A Comparative Investigation of Eighteen Interventions,” *Social Science Research Network* (October 2, 2012), http://papers.ssrn.com/sol3/papers.cfm?abstract_id=2155175.

7. Herbert Benson, *The Relaxation Response* (New York: HarperCollins, 1975).

8. Jacobien van Peer, Philip Spinhoven, and Karin Roelofs, “Psychophysiological Evidence for Cortisol-Induced Reduction in Early Bias for Implicit Social Threat in Social Phobia,” *Psychoneuroendocrinology* 35, no. 1 (January 2010): 21–32.

9. Rollo May, *The Courage to Create* (New York: W.W. Norton, 1975), 100.

10. Special thanks to my colleagues Erica Stout and Shilpa Alimchandani for their refinement of this model.

11. Steven Covey, *The 7 Habits of Highly Effective People*, DC Books; 5287th edition (1994), 30–31.

12. Gordon Allport, *The Nature of Prejudice* (Cambridge, MA: Perseus Books, 1954).

13. Lai, Marini, Cerruti, et al., “Reducing Implicit Racial Preferences: I. A Comparative Investigation of Eighteen Interventions.”

第八章　意识孵化器：打造多元化组织

1. George Seltzer, *Music Matters: The Performer and the AFM* (London: Scarecrow Press, 1989), 215.

2. William Osborne and Abbie Conant, “The Representation of Women in European and American Orchestras,” Update 2009, http://www.osborne-conant.org/orch2009.htm.

3. Claudia Goldin and Cecilia Rouse, “Orchestrating Impartiality: The Impact of ‘Blind’ Auditions on Female Musicians,” *American Economic Review* 9, no. 4 (September 2000): 738.

4. Mary Elizabeth Williams, “Conductor: ‘A Cute Girl on a Podium Means That Musicians Think about Other Things,’” *Salon*, September 3, 2013, http://www.salon.com/2013/09/03/conductor_a_cute_girl_on_a_podium_means_that_musicians_think_about_other_things/.

5. Elliott Aronson, *The Jigsaw Classroom* (New York: Sage, 1978).

6. Brett W. Pelham, Matthew C. Mirenberg, and John T. Jones, “Why Susie Sells Seashells by the Seashore: Implicit Egotism and Major Life Decisions,” *Journal of Personality and Social Psychology* 82, no. 4 (2002): 469–87.

7. Scott E. Page, *The Difference: How the Power of Diversity Creates Better Groups, Firms, Schools and Societies* (Princeton, NJ: Princeton University Press, 2008).

结语

1. Mark Hughes, "Why Your 'Captain Marvel' Complaints Are Wrong," *Forbes*, May 14, 2019.

附录

1. Marianne Bertrand and Sendhil Mullainathan, "Are Emily and Greg More Employable Than Lakisha and Jamal?" National Bureau of Economic Research, NBER Working Paper no. 9873, July 2003.

2. Frances Trix and Carolyn Psenka, "Exploring the Color of Glass: Letters of Recommendation for Female and Male Medical Faculty," *Discourse and Society* 24, no. 6 (November 2013).

3. Christine Wennerås and Agnes Wold, "Nepotism and Sexism in Peer Review," *Nature* 387 (May 22, 1997): 341–43.

4. Susan D. Hosek, Amy G. Cox, Bonnie Ghosh-Dastidar, et al., "Gender Differences in Major Federal External Grant Programs," RAND Corporation Technical Report 37, 2005.